四特 教育系列丛书 SITEJIAOYUXILIECONGS

U0696056

学生观念素质教育

《"四特"教育系列丛书》编委会 编著

吉林出版集团股份有限公司
全国百佳图书出版单位

图书在版编目 (CIP) 数据

学生观念素质教育 / 《"四特"教育系列丛书》编委会编著 . 一长春：吉林出版集团股份有限公司，2012.4
（"四特"教育系列丛书 / 庄文中等主编 . 学生素质教育与培养）

ISBN 978-7-5463-8749-9

I. ①学… Ⅱ . ①四… Ⅲ . ①中小学生－道德观念－素质教育 Ⅳ . ① G631

中国版本图书馆 CIP 数据核字（2012）第 043958 号

学生观念素质教育
XUESHENG GUANNIAN SUZHI JIAOYU

出 版 人	吴 强
责任编辑	朱子玉　杨 帆
开　　本	690mm×960mm 1/16
字　　数	250 千字
印　　张	13
版　　次	2012 年 4 月第 1 版
印　　次	2023 年 2 月第 3 次印刷
出　　版	吉林出版集团股份有限公司
发　　行	吉林音像出版社有限责任公司
地　　址	长春市南关区福祉大路 5788 号
电　　话	0431-81629667
印　　刷	三河市燕春印务有限公司

ISBN 978-7-5463-8749-9　　　　定价：39.80 元

前　言

　　学校教育是个人一生中所受教育最重要的组成部分,个人在学校里接受计划性的指导,系统地学习文化知识、社会规范、道德准则和价值观念。学校教育从某种意义上讲,决定着个人社会化的水平和性质,是个体社会化的重要基地。知识经济时代要求社会尊师重教,学校教育越来越受重视,在社会中起到举足轻重的作用。

　　"四特教育系列丛书"以"特定对象、特别对待、特殊方法、特例分析"为宗旨,立足学校教育与管理,理论结合实践,集多位教育界专家、学者以及一线校长、老师们的教育成果与经验于一体,围绕困扰学校、领导、教师、学生的教育难题,集思广益,多方借鉴,力求全面彻底解决。

　　本辑为"四特教育系列丛书"之《学生素质教育与培养》。

　　实施素质教育是我国现代化建设事业的需要。它体现了基础教育的性质、宗旨与任务。提倡素质教育,有利于遏制当前基础教育中存在着的"应试教育"和片面追求升学率的倾向,有助于把全面发展教育落到实处。从教育面向现代化、面向世界和面向未来的要求看,素质教育势在必行。这是我们基础教育时代的主题和任务。

　　学校教育的核心工作是培养全面发展的社会主义建设者和接班人,而学生则是未来的主要建设者和接班人,直接关系到整个社会的前途和命运。中小学生正处于青少年时期,其心理生理发展具有不成熟、可塑性强的特点,他们在面对错综复杂的社会时能否全面认识理性分析问题不仅是部分人的问题而是一个社会问题。当代青少年面临更多的机遇和史无前例的挑战,只有树立科学的价值观,才能全面正确地认识自己、他人和社会,才能在认识和改造世界的过程中取得成功。

　　本辑共20分册,具体内容如下:

　　1.《学生身体素质教育》

　　根据中小学生参与体育状况调查发现,学生身体素质呈现持续下降的趋势。针对学生身体素质下降的状况,必须要让体育课落到实处,且要加强开展学校课外体育活动的力度,充分调动广大学生参与课外体育活动,从而提高学生的身体素质,使学生的身心得到健康发展。同时,探寻学校学生身体素质下降的根源,从而提高他们的身体素质。

　　2.《学生心理素质教育》

　　本书的各位作者拥有多年从事心理健康教育和研究的经验,为此,我们运用心理学的基本原理,从同学们的需要出发,编写了本书,它主要包含上面提到的自我、人际、学习、生涯等几个方面的内容。希望同学们能通过本书的学习,掌握完成这些任务的战略与技巧,为你们的长远和可持续发展提供力所能及的帮助。

3.《学生观念素质教育》

不同的人对同一事物产生不同的看法,本来是很正常的事情,但如果不同学生的观念差异太大,甚至"针锋相对",就不能不让人琢磨一下。本书就学生的观念素质教育问题进行了系统而深入的分析和探讨,并提出了解决这一问题的新思路、可供实际操作的新方案,内容翔实,个案丰富,对中小学生、教师及家长均有启发意义。本书体例科学,内容生动活泼,语言简洁明快,针对性强,具有很强的系统性、实用性、实践性和指导性。

4.《学生道德素质教育》

道德素质是人的重要内涵,它决定着人的尊严、价值和成就。良好道德素质的培养,关键在青少年时期。为培养学生形成良好的行为习惯,提高道德素质,只有建立学校、家庭、社会三结合的"立体化"教育网络,才能最有效地促进学生道德行为的养成,全面提高青少年的素质,促进青少年的健康成长。

5.《学生形象素质教育》

我们自尊我们自信,我们尊敬师长,我们自强我们自爱,我们文明健康。青春就是一次又一次的尝试。身处在这个未知的世界,点滴的前进,都是全新的体验,它点亮中学生心中的那片雪海星辰。新时代的中学生用稚嫩的双手创造一个又一个生命的篇章。让我们用学识素养打造强而有力的翅膀,让我们用青春和梦想做誓言,让我们用崭新的形象面向世界。

6.《学生智力素质教育》

教学中学生正是通过语言符号和非语言符号,学习知识、技能,在吸取人类智力成果过程中,使自己的智力得到锻炼和发展。指导学生智力发展应贯串于教学过程的始终。备课、钻研教材、上课、答疑、辅导、组织考试、批改试卷和作业都应当分析学生思维的过程,考虑发展思维的教学措施。

7.《学生美育素质教育》

美育是培养学生全面发展的教育方针的重要组成部分。美育又称审美教育或美感教育,是培养学生正确的审美观点以及感受美、鉴赏美和创造美的能力的教育。美育是实施其他各育的需要,美育是全面发展教育的重要组成部分,它渗透在全面发展教育的各个方面,对学生身心健康和谐地发展有促进作用。

8.《学生科学素质教育》

教育应面向全体国民,以提高国民素质、提高学生科学素养为目标,为学生的终身发展打下基础。本书以培养小学生科学素养为宗旨并依据新课程标准编写。学生通过本书的学习,能知道与身边常见事物有关的浅显的科学知识,了解科学探究的过程和基本方法,保持和发展对周围世界的好奇心和求知欲,逐渐养成科学的行为习惯和生活习惯,形成敢于创新的科学态度,培养爱科学、爱家乡、爱祖国的情感。

9.《学生创造素质教育》

创造才能是各种能力的集中和最有价值的表现,人类社会文明都是创造出来的,所以只有具备创造才能的人,才是最有用的人才。一切发达国家都非常重视青少年创造才能的培养。培养创造才能要从教育抓起,要从小做起。

10.《学生成功素质教育》

本书旨在让学生认识到成功素质教育的重要性。成功素质教育的目的和意义在于:激发学生对于成功的欲望和追求;让学生了解成功素养的内涵和相关解释;通过开展积极有效的成功素质教育,激发学生潜能;让学生自发主动地参与成功素质的行为,由被动转为主动。

11.《学生爱国素质教育》

祖国是哺育我们的母亲,是生命的摇篮,我们应该因为自己是一个中国人而感到骄傲。学校要坚持抓好学生的爱国主义教育,使他们从小热爱祖国。"祖国"一词对小学生来说,比较抽象,因此,他们对学生进行爱国主义教有,注意从大处着眼,小处着手,引导学生从身边具体的事做起。

12.《学生集体素质教育》

一个国家如果没有团结稳定的局面是不可能繁荣兴盛的;一个集体如果没有精诚合作的精神是不可能获得发展的;一个班级如果集体观念淡薄是不可能有提高进步的;一个人如果不加强培养集体意识,他是不可能被社会所接纳的。集体意识的培养对每个学生来讲是至关重要的。学生只有在校园就开始提高自己的集体协作意识,才能在将来的工作中游刃有余,才能让自己的前途得到更好的发展。

13.《学生人道素质教育》

人道主义精神与青年成长的关系非常密切,既关系思想意识上的完善,又关系知识面的拓展。为进一步切实加强青少年的思想道德建设,建议教育部制定切合实际的教育纲要,将人道主义教育纳入中小学生课程。本书从人道主义精神的培养入手,规范未成年人的行为习惯,使他们真正成为合格的接班人。

14.《学生公德素质教育》

社会公德作为人类社会生活中最起码、最简单的行为准则,是和广大人民群众的切身利益密切相关的,是适应社会和人的需要而产生的。它对人们的社会生活具有特殊且广泛的社会作用。每个社会成员都应该自觉遵守社会公德。社会公德是衡量一个国家全民素质水准的重要标志,抓紧对青少年进行社会公德教育,既是推动社会进步的奠基工程,也是社会主义精神文明建设的一项战略任务。

15.《学生信念素质教育》

加强公民道德建设,在全社会树立中国特色社会主义的共同理想和信念,加快构建传承中华传统美德、符合社会主义精神文明要求、适应社会主义市场经济的道德和行为规范。未成年人是祖国未来的建设者,加强和改进未成年人思想道德建设尤其重要。理想信念教育是培养公民素质的本质要求,把学生培养成为热爱社会主义祖国,具有社会公德、文明行为习惯的遵纪守法的公民是我国德育工作的主要任务。在德育体系中,理想信念教育处于核心地位,是德育研究的重中之重。

16.《学生劳动素质教育》

劳动素质教育是向学生传授现代生产劳动的基础知识和基本生产技能,培养学生正确的劳动观点,养成良好的劳动习惯的教育。本书旨在培养学生正确的劳动观点和良好的劳动习惯,使学生掌握初步的生产劳动知识和技能。

17.《学生纪律素质教育》

依法治国已成为我国治国的方略。我们正在建设社会主义法治国家,纪律法制在社会生活中的作用越来越重要,因此进行纪律法制教育也就十分必要了,对青少年学生尤其如此。青少年时期正好是一个人世界观、人生观、价值观的形成时期,在此时加强纪律法制教育,有利于帮助他们掌握应有的纪律法制知识,增强纪律法制意识,提高自觉遵守纪律法制的自觉性,养成良好的遵纪守法习惯。

18.《学生民主法制素质教育》

在推进依法治国,建设社会主义法治国家的进程中,加强对青少年的法制教育,促进青少年的健康成长,我们负有不可推卸的历史责任。为此,本书对当前青少年犯罪的现状、特点、成因进行了调查,对如何进一步加强青少年法制教育和预防青少年犯罪的方法作了一些探索,具有很强的系统性、实用性、实践性和指导性。

19.《学生文明素质教育》

礼仪是一种修养,一种气质,一种文明,一种亲和力,它是人际交往的通行证。青少年是祖国的希望,是 21 世纪国家建设的主力军。培养他们理解、宽容、谦让、诚实的待人处事和庄重大方、热情友好、礼貌待人的文明行为举止,是当前基础教育和学校德育工作的重点之一。将主题宣传教育活动、文明礼仪知识普及活动、日常行为规范教育活动紧密结合起来,培养学生文明行为举止,抓实抓细,必定卓然有效。

20.《学生人生观素质教育》

当代的中学生是跨世纪建设有中国特色社会主义的主力军,他们的人生观如何,关系到他们的本质是否能够得到全面提高,关系到我国社会主义大业的兴衰。因此,学校必须加强对中学生进行人生观教育。在校学生是我国社会生活中被寄予厚望的最重要的群体,他们的人生观变化是社会变化的晴雨表。人生观不仅影响他们个人的一生,而且对国家的前途、命运产生相当大的影响。因此,学校必须加强对中学生进行人生观教育。

由于时间、经验的关系,本书在编写等方面,必定存在不足和错误之处,衷心希望各界读者、一线教师及教育界人士批评指正。

编者

目　录

第一章

学生观念素质教育与升级的理论指导

1. 学生观念教育的现状与途径

在市场经济崇尚个性发展大潮的影响下，当代学生的道德观、价值观与以前所倡导的已大有不同。比如在处理"个人利益与集体利益的矛盾"时，一部分学生认为应当是"以集体利益为主，兼顾个人利益"，而不应该是"个人利益无条件服从集体利益"；在对待"奉献与索取"这一关系的问题上，有相当一部分学生的观念已与时代不符，这些现象表明，一方面，当代大学生的个性已相当鲜明，与过去那种千篇一律的思维方式大不相同，有了创新意识；但另一方面，也说明学生中"极端个人主义"的消极思想也有所抬头，对事业献身精神和对集体奉献精神有所减弱。

学生观念教育的现状

多数学生认为应持"工作为主，兼顾生活享受"的态度，少数认为"人活着就是为了享乐"；对一些专业性很强的文化艺术，比如话剧、歌剧等并不欣赏，认为很不现实；偶像崇拜热潮已逐渐降温，个性化意识逐渐增强；受社会上所谓"实惠"观念和"个人功利"因素的影响，部分大学生的人生价值尺度渐渐向"功利化"偏移。

学生人生观问题。部分学生的政治生活、文化生活、精神生活也在发生变化，其中包括西方的政治观点、人生哲学和腐朽生活方式，通过各种渠道渗透进来，对现代学生产生了诸多不良影响。有的学生，不分青红皂白地崇洋媚外，有的甚至丧失人格、国格。

学生观念教育的途径

科学发展观是推进我国经济社会全面发展的指导思想，也是新时期加强学生素质教育的指导方针。科学发展观要求以人为本，要求以实现学生的全面发展为目标，要求促进学生思想政治素质、科学文化素质和健康素质全面发展，把其培养成为中国特色社会主义事业的合格建设者和可靠接班人。

按照科学发展观加强和改进学生素质教育，就是要遵循学生素质教育规律和学生成长成才规律，牢固树立"学校教育，育人为本，德智体美，德育为先"的思想，把学生素质教育摆在学校各项工作首位，把育人贯穿教育教学各个环节。提高学生素质的措施主要有以下几个方面：

（1）全面提高综合素质的观念

学生应当树立均衡发展、全面提高自己的综合素质的观念。目前真正做到全面发展的学生并不是很多，从整体上来讲学生的道德品质素质还是比较高的。但是近些年来西方的消极思想对学生树立正确的人生观、价值观带来了巨大的冲击，享乐主义、拜金主义、利己主义、个人主义盛行，这导致了有些学生在这股思想的冲击下迷失了自我。因此应该加强马克思主义世界观人生观的教育，帮助他们分清崇高与卑下，逐步提升人格，促进素质的全面发展。为此，应当充分发挥哲学社会科学学科课程在思想政治教育中的重要作用，加强思想政治理论课的针对性和有效性。

思想政治理论课，必须打破仿照普通高校的教学模式，树立以人为本的理念，结合高职教育特点，改革教学内容，改进教学方法，创造性实施教学。各类课程都蕴涵着丰富的思想政治教育资源，积极引导教师在教学中深入发掘反映人类文明成果、弘扬民族精神、表现思想道德情操、体现科学精神、揭示事物本质规律的内容，在知识传授过程中对学生进行思想政治教育。通过教学改革构建和完善具有高职特色的教学体系，凸显思想道德建设的基础性作用，加强对学生的世界观、人生观和价值观教育。

（2）培养学生健全的人格

在心理素质方面，我们应该培养学生健全的人格和良好的心理素质，使他们能够面对挫折失败的打击，具有较强的意志力和坚韧不拔的精神，对事情有积极乐观的态度，能够不断的发现自己心理上存在的问题，心理素质的提高一方面是要靠学校的教育，另一方面要靠大学生自我教育的方式，使每个大学生学习必要的心理知识，增强自我心理调适能力。

（3）素质教育培养目标

提高大学生的综合素质是大学教育培养目标的重要内容，也是面向未来教育、教学改革的重要目标。从学校的角度来讲，学校应该更新教育观念、教育思想，以适应社会主义市场经济体制的需要，学校应不断的完善学分制和教育制度的改革，从应试教育转向素质教育，把握住教育的大方向。同时学校应该加大资金投入，美化校园，增加各类图书尤其是人文社科类的图书，丰富校园文化生活，多搞一些有意义的活动，给学生们提供更加广阔的生活空间和活动舞台。

总之，以全体学生的全面发展为主旨的素质教育的提出，是时代的需要，教育发展的必然。教育的根本目的是提高国民素质，多出人才，出好人才。素质教育直接从人才规格入手，注重人才的全面发展，形成了新世纪的新的人才观、质量观和教育观。我们要按照素质教育观，围绕培养更多更好的德、智、体、美等全面发展的人才来改革我们的教育体制和培养模式，改革我们教育、考试、评价的内容和方法。新世纪教育教学改革任重而道远，我们要为此而努力。

2. 社会导向对学生观念的影响

我们正处在社会科学技术与经济的迅速发展、价值观念深刻变革的时代。新形势下，随着我国经济体制深刻变革、社会结构深刻变动、利益格局深刻调整，人们在思想认识、道德选择、价值取向等方面的独立性、多样性、多变性、差异性日益增强。世界范围内不同思想文化之间的交流、交融、交锋日趋频繁，国内思想文化的多样性与复杂性也进一步凸显，各种社会思潮日益活跃。在这一大背景下，构建社会主义核心价值体系、增强社会主义意识形态吸引力和凝聚力的任务更加繁重。还要看到，经济和社会生活中的热点和难点不断，一些深层次矛盾还没有得到根本解决，一些与群众切身利益密切相关的民生问题不时出现，也必然直接或间接地反映到人们的思想上来。

复杂多样的社会思想环境必然对青年产生重要影响，而学生面临的社会环境和成长过程中遇到的问题也更加复杂多样，同时学生面临的来自社会、家庭、学习、生活、情感等各方面的压力也越来越大，这使共青团引导青年的工作面临着新的挑战。

树立科学的世界观、人生观、价值观，在实践中努力创造和实现自己的人生价值，同时养成良好的心理素质是社会对高素质人才的基本要求。如今社会媒体的飞速发展和多元化演变对大学生的人生观、价值观所产生的影响已越来越不容小觑，大众媒体对学生价值取向的导向功能，既有积极的正面导向，也有消极的负面影响，而网络在其中起到了加速器的作用。

媒体的演变及媒体的发展

所谓媒体，是指传播信息的介质，通俗的说就是宣传的载体或平台，能为信息的传播提供平台的就可以称为媒体了，至于媒体的内容，应该根据国家现行的有关政策，结合广告市场的实际需求不断更新，确保其可行性、适宜性和有效性。此前，传统的四大媒体分别为：电视、广播、报纸、网站。

随着科学技术的发展，逐渐衍生出新的媒体，例如：IPTV、电

子杂志等，他们在传统媒体的基础上发展起来，但与传统媒体又有着质的区别。但是，就其重要性、适宜性、有效性而言，互联网正在从"第四媒体"逐步上升为"第一媒体"。今天的我们，被各种媒介包围着，特别是以电视和网络为代表的电子媒介，更是对我们的生活产生了重大的影响。电子媒介的普及，宣告了以单一的印刷文化为中心的社会文化格局的彻底改变，宣告着我们身处一个"读图时代"和"影像时代"，而且身处一个全方位传播、多媒体介质、流动迅速、信息增殖迅猛的时代。如今的社会状况，已经与上世纪初的媒介环境不可同日而语。

（1）现代媒体

现代媒体，是指运用现代传播技术向社会公众传播各类信息的媒介形式，它以多媒体、网络化、数字化技术为核心，是现代信息技术革命的产物。它作为一种有效的潜移默化的宣传教育形式，对大学生的思想变化有着巨大的影响。

现代媒体日益多样的传播形式，从时间和空间上都是对传统意义媒体的一次飞跃，电视、录音、录像进入高校学生思想政治教育课堂，尤其是多媒体的运用，现代媒体的高效、快速、多样化的运转模式，使高校学生思想政治教育的内容得以巧妙地融入文化娱乐之中，形式多样，内容丰富，生动活泼。另外，远程网络教育形式的不断推陈出新，交互式教学的广泛运用，大大改变了过去单向教育的弊端，不仅是单纯教育形式的变革，还使学生得以相互交流，与教育者互相沟通，改善了教育效果。

（2）网络媒体

网络媒体作为继报纸、广播电台、电视之后的第四媒体逐渐展示了其无可争议的影响力，其影响已经全面渗入到公众的政治、经济、文化生活等社会生活的各个方面，在推动社会进步方面发挥了积极作用。

互联网的特点给现代人的社会关系带来了新的变化，不断的丰富着人们的精神文化生活。但是，由于网络的开放性、虚拟性以及大学生价值观的可塑性，会使许多大学生在网络上并不能正确的辨别事件的真相，也容易受到他人的欺骗，难以对社会形成正确的认同，容易受到煽动，走入极端，可能会不知不觉中形成错误的人生观、价值观。众多错误、偏激的舆论和观念容易形成一种导向，反过来将促成更多不明真相的大学生受到影响，造成他们是非观模糊、道德意识下降等等。因此，高校思想政治教育者们要掌握网上斗争的主动权，要研究互联网的特点，关注互联网发展的新动向，善于利用互联网，坚持正确的舆论导向，谴责不道德的行为，从而使网络成为塑造大学生正确人生观、价值观的新阵地。

大学的思想教育工作者有了更多的途径将正确的知识与信息传播给大学生，用正确的舆论引导和影响他们。许多高校已经尝试探索利用现代传媒的力量，加强学生思想政治教育的力度，并且找到了不少行之有效的新途径。

例如，大力开发互联网资源，利用 BBS、QQ 等方式开展网络教育、服务、咨询、竞赛等活动，既充分利用网络的及时性、实效性，又发挥了网络的互动性，增强了教育实效。某些高校还有针对性地建立学生思想政治教育宣传网站，直接对广大学生进行正面宣传教育，充分发挥传媒的优势。这些宣传网站经常地、大量地传递给大学生们各种正面信息，对大学生形成潜移默化的影响，并成为对大学生进行思想政治教育的一个重要途径，有助于大学生树立正确的人生观、世界观、价值观。

当代学生的价值取向现状分析

价值取向指的是一定主体基于自己的价值观在面对或处理各种矛盾、冲突、关系时所持的基本价值立场、价值态度以及所表现出来的基本价值倾向。价值取向具有实践品格，它的突出作用是决定、

支配主体的价值选择，因而对主体自身、主体间关系、其他主体均有重大的影响。

价值取向的合理化是进步人类的信念，就现代的大学生而言，他们多为独生子女，在中学及以前的教育过程中，学习与升学的压力，生活上对家庭的过多依赖等，使得他们在心理发展中存在很多问题，生理与心理发展的不协调，个体需要与社会现实的矛盾，使他们进入大学后有较多的不适感、失落感和彷徨感。同时，当代社会政治、经济、文化的剧烈变化，传统与现代观念的冲突，东西文化的交融与对抗，使社会价值观念呈现出多元化和多样性。社会价值观念，个体心理发展水平以及家庭经济、文化背景等多方面因素，无不对当代大学生的价值取向带来巨大的影响。

抓好学生的人生观、价值观教育

人生观、价值观教育，是社会主义精神文明建设的重要组成部分。培养学生树立正确的人生观、价值观，是一项长期复杂而又艰苦细致的工作，是高校共青团的重要职责之一。

从总的情况看，目前，高校人生观价值观教育的主流是好的，总体呈现积极进取、健康向上的态势，成才成功的愿望和学习自觉性进一步增强。但是，随着经济社会的发展，人们的政治兴趣和政治信念趋向淡化，理想功利化趋势明显。高校人生观价值观教育也出现了教育目标偏移、评价标准多元化、教育模式缺乏创造性、教育效果一般化等现象。有必要采取措施，加强这项工作。

人生观价值观教育要遵循学生发展成长的规律，遵循以人为本的原则，要突出教育者与受教育者相互之间的主体性，尊重大学生的自主性，发挥学生的创造性，调动学生的能动性。允许学生在一个开放的、民主的环境中学习。学生是先进文化的接受者、创造者、传播者，是推动先进文化建设的生力军。因此，接受和传播当代中国的主导文化，倡导爱国主义、集体主义、社会主义思想；倡导科

学精神和科学思想，传播科学知识，反对迷信；抵制拜金主义、享乐主义、极端个人主义等腐朽思想，应当成为当代大学生人生观价值观教育的主要内容。

社会的和家庭的、历史的和现实的、国内的和国外的、经济政治的和科技文化中的各种信息和问题，都会以各种方式和渠道潜移默化地影响学生的思想，支配着大学生的行为。人生观价值观教育目标要与动态发展的社会现实相一致，应从现有的经济、政治和文化的发展条件出发。掌握学生人生观形成的特点，从学生现有的思想状况出发，从学生的思想实际和可以接受的程度出发，有分别地、分层次地进行教育，既要贯彻高校思想政治教育工作的总目标，又不能降低培养"四有"新人的要求。

在进行人生观价值观教育时，要注重学生思想品德层次高低的实际情况有针对性地进行。对那些德智体全面发展的、思想素质高的大学生，教育和帮助他们树立共产主义人生观，把他们真正培养成为社会主义现代化建设事业的中坚力量；对于那些在思想素质、道德品质等方面处于中间层次的学生，应引导他们逐步树立为人民服务的思想，把他们培养成为社会主义现代化建设事业的有用人才；对那些受消极人生观影响较大的极少数学生，则应引导他们开展积极的思想斗争，逐步确立正确的人生价值取向。

传媒对学生观念的形成发挥重要作用

随着经济的迅速发展，以新媒体为主的大众传媒对社会的影响力也明显增强，大众传媒对学生价值取向的导向功能，既有积极的正面导向，也有消极的负面导向。无论是呈现国际国内形势、环境还是丰富人们的精神文化生活、塑造人们的文化价值观等方面，大众传媒都起到了至关重要的作用。作为大众文化引领者和意识形态工具的媒体对学生从行为到思维、从内到外不同程度的影响是无形的、深刻的。

（1）国内媒体的宣传路线

国内媒体在宣传党的基本理论、路线、方针政策上力度的不断加大，以及国内外媒体所报道的我国社会经济改革开放这么多年来的成绩，对大学生来说是一种很好的教育影响，对大学生形成正确的世界观、人生观、价值观起到了良好的促进作用，对他们树立民族自尊心、自豪感起到了很好的推动作用。

（2）现代媒体弘扬社会道德

现代传媒所褒扬的高尚的道德情操，对社会公德、职业道德以及家庭美德的大力弘扬，对社会丑恶现象的无情鞭挞，让学生对社会美好的一面更加尊崇，对社会阴暗面有所警惕，引导广大高校学生识别善恶、明辨是非，有助于他们形成良好的基本道德规范，培养树立优良的道德品质和文明的行为举止。

（3）现代传媒社会热点问题

现代传媒更加关注社会热点、难点问题，关注人民群众所想所急。传媒所关注的众多社会问题，诸如国有企业改革、国民经济的可持续发展、学生诚信教育等问题，切合现实，直面当代社会与学生自身实际，其时效性与过去相比不可同日而语。

媒体的关注热点，比如《新闻调查》、《焦点访谈》等电视栏目，报纸上的时政专栏等，不但丰富了我们对学生的思想政治教育内容，也使我们对学生的思想政治教育更切合实际、更贴近生活。

（4）现代媒体的信息承载量

现代传媒所承载的信息容量远远超出传统媒体，尤其是以互联网为代表的信息高速公路的开通，让高校学生得以广泛地接受来自世界各地的信息，接受他们在课堂上、书本上可能难以学到的许多东西，带给学生更多了解社会、把握时代脉搏、接受新的思想观念的机会，对提高其综合素质，尤其是对学生今后走向社会将会起到更为重要而现实的作用。

然而，任何科学技术都是一把"双刃剑"，现代传媒本身要面向市场，为了达到某些经济上的利益，不可避免的会宣传一些负面的思想和观点。学生本身就处在一个人生观价值观具有高度可塑性的时期，而大众传媒在此时却没有及时、准确地给学生提供好的高质量、有水平的鉴别标准，相反，当学生的思维方法、价值观念、判断是非观被媒介所传播的理念改变之后，对马克思主义在我国意识形态领域的指导地位产生不可忽视的危险，加上主观意识难以轻易改变的因素，将对传统教育工作构成新的挑战。

学校教育应利用现代传媒

做好引导青年工作，是党对共青团的一贯要求，也是党赋予共青团的光荣任务。在新时期始终强调共青团要坚持以理想信念教育为核心，坚持不懈地引导广大青年跟党走中国特色社会主义道路。随着现代传媒的发展，校园思想政治教育也进入了一个崭新的时代：学校一方面可以利用现有的宣传工具，提高思想政治教育工作的针对性，体现传媒在高校学生思想政治教育中的地位和作用，发挥传媒对学生的舆论引导功能，从当代大学生的思想、学习和生活实际出发，才能不断增强教育的针对性、有效性、主动性和创造性，为广大学生提供更加有效的教育、引导和更为有力的支持、服务，全力营造稳定、和谐的校园文化氛围。

另一方面，应当充分利用"网络社会"所创造的机遇和条件，对学生进行思想政治素质教育以适应其发展的需要，并尽量克服它所产生的负面影响，才能使我们充分享受它所带来的进步性和优越性。

我们要善于利用媒体作为信息交流的技术和工具，建设校园各类媒体，开发德育建设平台，扩充德育工作渠道，塑造丰富多彩的校园文化，利用媒介改造良好的大学校园信息环境，使其成为引导和塑造学生人生观价值观的有力工具。

3. 市场经济下的学生观念教育

近年来，在市场经济浪潮的冲击下，社会意识与社会心理发生了深刻的变化，这就对中学生的人生观教育提出了新的课题，注入了新的内容，形成了新的挑战。例如，市场经济是以货币为中介，讲究经济效益，中学里也出现了"赞助生"、"自费生"。在社会上，一部分人已经先富了起来，出现了些"大款"、"大腕"，拜金主义思想潮又风靡一时。又如，市场经济讲究按供需调节，竞争成为普遍规律，现在已有为数不少的大学毕业生不包分配，要在人才市场中实行双向选择。这些都强化了青年学生的自主意识、竞争意识和开拓创新的意识。

在市场经济新形势下，中学的人生观教育到底应该怎么搞，哪些观点是必须坚持的，哪些观点是应加以更新与充实的，在教法上又应该实现何种转变，这些都是需要探讨的新问题。

坚持正确的价值观，反对拜金主义

在人生价值和人生目的的测试中有 86% 的学生认为人活着不仅仅是为了赚钱；没有金钱是万万不能的，但金钱又不是万能的。10% 的学生持有"金钱万能"的观点，6.5% 的学生甚至认为人活着就是为了赚钱，这一比例虽然不很高，但也不可忽视。

"一切向钱看"的问题在八十年代初就被批判过，在新的形势下，这种思潮又有所回潮，而且有愈演愈烈之欲。有一种观点认为这是青年价值观中的一种"务实"的倾向。对此，我们不敢苟同。确实，在现实生活中，金钱具有多方面的功能，在社会的生产、流通、分配、消费中成为一种广泛的中介，没有金钱是万万不能的，但金钱又不是万能的，并非一切东西都可以成为商品，作为"人"

除了物质需求外还有精神需求，友谊、爱情、良心、道德、社会责任感、爱国主义，这些都不是用金钱可以买得到的。

人只能是金钱的主人，而不能是金钱的奴隶。我们要培养健全的人格就必须批判拜金主义，这是关系到国家前途和民族未来的根本问题。即使是在西方国家中，尽管物欲横流，但有识之士也是反对拜金主义的。

当然，在反对拜金主义中要注意划清两个界限，一是非法致富和劳动致富的界限。不可讳言，由于制度上的不健全，目前有很多人是通过种种不正当的手段致富的，他们或者是以权谋私、以权经商，或者是行贿受贿，贪污盗窃，或者是偷税漏税，化公为私，这些都是社会中的丑恶现象，为人民群众所不齿，必将受到法律的制裁。而我们所提倡的是劳动致富，是以为社会创造财富前提下的致富。这方面的事例也比比皆是，必须教育学生要分清是非善恶。

其次，要划清一部分人先富起来和两极分化的界限。在经济发展的过程中，不可避免地有先富、后富之分。社会主义的根本目标是共同富裕，不断地提高人民群众的生活水平。邓小平同志在南巡讲话中指出："社会主义的本质，是解放生产力，发展生产力，消灭剥削，消除两极分化，最终达到共同富裕"。因此，一部分先富起来的人应该有义务和责任帮助周围的人一起富起来。应该承认，在目前这种剧烈的转折过程中，两极分化仍有加剧的趋势，但这只是暂时现象，社会主义的国家和政府正在采取而且必将更有力地采取措施，缩小这种差距。应该教育青年一代成为集体致富的带头人，而不是为富不仁的"黄世仁"。

在现实社会中，这类的先进典型也是不可胜数的，完全可以结合本地区的先进人物，用榜样来进行教育。

坚持集体主义，反对利己主义

在对待个人利益和集体利益的关系问题上，有 *38%* 的学生主张

应大公无私、先公后私；45%的学生赞成"公私兼顾，不分先后"；6.4%的学生则认为应"先私后公"。这里的45%，不是少数，反映出在公、私关系上，中学生中还存在着相当多的模糊认识，需要我们加强引导，分清是非。但是也有一些同志认为由于目前在经济成分上存在着多种性质的所有制，这必然导致中学生价值取向的多元化。在价值观的教育中不必再坚持集体主义，免得造成"假大空""双重人格"，而且认为比起极端利己主义来，"公私兼顾"的价值观还是有其可取之处。对此，我们有几点质疑：

（1）多种经济不等于是多元化

"元"是指"本原"之意，多元是指多个平行的本原，实际上我国是在公有制占主导地位前提下的多种经济成分并存，不存在什么经济上的多元化，相应的在意识形态上也应该以马克思主义、毛泽东思想为主导，在道德教育上也只能以集体主义为主导。

（2）德育的多层次不等于是多元化

作为人生观教育，针对学生的不同觉悟程度是应该体现出层次性的。在现实社会中，就社会效果而言，大公无私的先进分子毕竟是少数，公私兼顾也确实比极端利己主义好一些，我们也应该允许学生在价值观上有不同层次，但这不等于在价值观教育上就可以多元化。如果说封建时代的士大夫尚且有"先天下之忧而忧，后天下之乐而乐"的思想，属于资产阶级民主派的孙中山先生也倡导"天下为公"，那么作为无产阶级、共产主义者来说，大公无私、勇于奉献，就是我们价值观的最高目标和方向，这是必须坚持的。因此在人生观教育上我们必须坚持先进性的方向，坚持先进性和广泛性相结合，引导学生逐步树立集体主义的人生价值观。

肯定个人正当利益也并不排斥集体主义

过去"左"的思潮是只讲整体利益，不讲个人的正当利益，实际上无产阶级的集体主义原则并不排斥人的主体性，相反，处于集

体中的个人，应是集体的能动构造者，既有义务，又有权利；集体也负有促进个人发展，保护个人正当权益的义务，这两者的关系是双向的。集体主义作为一种道德规范首先是一种调节性的原则，而不是一种强制性原则。我们只是强调在个人利益和集体利益发生冲突时，应以集体利益为主，我们也不反对讲"公私兼顾"，问题是当公与私发生矛盾时应该怎么办，应该有一个前提，笼统的"公私兼顾"，这就是费尔巴哈提出的"合理"利己主义。这是资产阶级也能接受的。集体主义和利己主义这是两种对立的道德体系和价值观。

道德教育应该源于现实高于现实

道德教育应该面向现实，不能脱离社会现实，问题是对这个"现实"如何理解。作为一个社会，必然是丑恶和善美、堕落和高尚并存，正如黑格尔所说的"存在的未必是合理的"而"合理的一定会成为现实"。对中学生中的价值观的教育不应是消极地去适应社会的落后面，而应该是反映社会现实中的新生事物，体现历史发展的前进趋向。道德教育应该具有某种超前性，源于现实又要高于现实。只有这样，才能发挥道德对社会发展的促进作用，才能使我们的青年一代胜过一代，才能使中华民族道德整体水准不断有所提高。

所以，在人生观教育中对所谓的"务实"的观点应作具体分析。正是依据这一指导思想，这几年我们在学生中加强了集体主义教育，通过经常性的集体活动引导学生从"参与意识"升华到"集体意识"，提高学生的集体主义素质。从我校高一年级中的调查发现：86%的学生关心集体荣誉，92%的学生对班级取得荣誉感到振奋。

提倡积极的态度，塑造新型人格

改革开放对学生人生观教育提出了新的要求，开拓了新的领域，形成了新的发展趋向。在测试中，有83%的学生认为人生充满了竞争；87%的学生认为前途要靠自己去创造，自己可以掌握命运的主动权；85%的学生希望将来能干一番事业，要做一个敢

想敢说敢为的人，理想的实现主要靠自己；75%的学生表示为实现理想不怕受挫折；尚有19%的学生怕受挫折，8%的学生只希望平平安安过一辈子。这说明自主、自立、自强已成为中学生的时代意识的主流。

在道德、才能、权力、名誉、金钱何者最为重要的调查中，36%的学生认为是才能；35%的学生认为是道德；4%认为是名誉；8%认为是权力；7%认为是金钱。这说明在成才观上，德才兼备仍然是当代中学生追求的主要目标。

在择业方向问题上，有52%的高三学生选择科技、医务和教育等知识阶层职业；31%的学生选择金融、财会和企业行政管理工作；而高一学生对这两类职业的选择则分别为64%和55%。这与过去单一的偏重于科技的择业意向有了很大的改变。市场经济所带来的经商意识、企业家意识已深入人心。

在人生观教育中，我们历来提倡一种积极向上、奋发开拓的人生态度。改革的实践，特别是市场经济的洪流，为这一教育提供了最强劲的动力和最丰富的素材。作为独立的商品生产者和经营者，都是一个个独立的经济实体，企业有自主权，成为独立法人，这些都体现了人们主体的自主、自立的意识。市场经济是平等竞争、优胜劣汰的，这就形成了人们强烈的求新、求优意识，开拓、创造意识，探索和风险意识。中学生的人生观教育应该从这种社会潮流中吸取新鲜养分，丰富自己、提高自己。在传统的人生态度教育中，比较多的还是一种"老实、听话、肯干"的老黄牛式的品格教育，这显然已经落后于时代的要求。我们的社会主义教育不但是培养一般的合格劳动者，更应培养出一批具有开拓意识和求新精神，具有适应、创造等多方面能力、具有良好的心理素质、能够面向21世纪挑战的改革家。鉴于此种认识，我们采用了多渠道相结合的方法，在发扬传统教学优点的同时，还采用了以下几种方法：

（1）利用传媒

利用广播、报纸等传媒，组织学生进行"新闻评述"如"二十一世纪需要的人才"、"国际人力资源学院新生被'预订一空'"等开展生动的新闻评述，激励学生，强化学生的主体意识。

（2）抓住实例

抓住发生在学生周围的实例，走出去实地调查。如周浦的"南化厂、南光厂"的兴衰。让学生从社会实践中体验竞争，感受人生，增强开拓意识。

（3）实例报告

捕捉生活中的典型实例请进来作报告。如用：上海化专讲师陆老师主动辞职下乡到农村，经过九年努力研制出国际第一流的"不溶性硫"，救活了瓦屑乡的一家化工厂等实例，触动学生思考，怎样才能作出更大的贡献，逐步培养探索和风险意识。

此外，条件许可时进行电视录像：劳务市场人才交流实况等等。要充分发挥社会这个大课堂的作用，让改革开放、发展市场经济的春风吹入校园，注入学生的心扉。

总之，在人生观教育中，随着教育内容的更新和教育目标的拓展，相应地也需要有一整套新的教法，在这一方面尚需要作进一步的探索。

4. 学生价值观教育中的问题

价值观并不是我们传统意义上理解的，能够正确处理好个人与社会、个人与团体和个人与他人之的关系就可以了，价值观的影响有着很深的社会、文化和个体差异等因素。所以当前在我国学生价值观的教育方面还存在着很多的问题。

对价值观的本质不清楚

在我国学校教育领域，并没有专门的价值观教育课程，价值观教育从内容到方法都比较模糊，价值观教育更多地被涵盖在德育或道德品质教育中。事实上，价值观教育的内容比德育或道德品质教育的内容要宽泛得多，有许多问题是价值判断问题而并不是道德品质问题。这种模糊对价值观教育和道德教育都有不利的影响。

不能引导学生建立适应社会的价值观

随着市场经济的发展，人们逐渐改变了过去的价值观观念，对金钱的重视和追求成了颇为明显的现象，学生的意识也在不断的改变。而对学生的价值观教育却还停留在过去的模式上面一成不变，有的高校甚至没有价值观教育这一说法，这就使得当代学生在价值观教育方面缺失，并且不能建立起客观积极的，又能适应社会发展的价值观。造成很多学生在人生追求上功利化、世俗化倾向突出，也是导致很多学生把钱当作是办事的"通行证"，信奉"金钱至上"、"金钱万能"、"有钱能使鬼推磨"的根源。

缺少专门的价值观教育方法

面对着西方多种多样的价值观教育方法，特别是已经形成系统理论的教育方法，如：人格品质教育理论指导下的教育方法、认知理论基础上的价值观教育方法、关怀主义立场基础之上的价值观教育方法等等。我国的价值观教育方法显得有些过于苍白。而且单就价值观本身的研究而言，我国的价值观研究长期以来都过度依赖问卷法，尤其是国外的价值观问卷。这种不符合我们国情的问卷所作出来的调查结果自然会和我们现实生活中的价值观有所差距，直接导致了研究者不能正确认识学生的价值观，从而在价值观教育上作出来一系列错误的决定。

5．引起学生价值观困惑的原因

学生价值观的困惑在任何社会都存在，但当代学生中的价值困惑是前所未有的广泛和深刻，这与当今中国社会的巨大变革是紧密相连的，也与学生自身的特点以及家庭和学校的德育状况有关。

社会转型引起价值观的多元化

当代中国正处在改革和社会转型时期，从计划经济体制向社会主义市场经济体制转变，以及由此引起的社会的政治、文化等方面的深刻变化，这些必然引起价值观的多元化。改革开放以前，国家领导体制强调"党的一元化领导"，思想强调"革命化"，领袖的话是唯一的价值标准，"革命"是唯一的价值取向，"为共产主义奋斗终生"是唯一的价值目标。

改革开放以来，随着思想的解放、社会的发展、中西文化的碰撞，学生的价值观已由单一走向多元，我国传统的价值观念、西方传入的价值观念、过去"左"的一套价值观念以及改革开放实践中新生的价值观念同时并存。具体说来，比如，在价值标准上，有的"唯书"，有的"唯上"，有的"唯实"，有的"跟着感觉走"，有的跟着"时髦"走；有的以社会利益为标准，有的以小团体利益为标准，有的以个人利益为标准。在价值取向上，有的重钱，有的重义；有的重享乐，有的重事业；有的重原则，有的重"关系"；有的重理想，有的重现实。多元化的价值观既给大学生多种选择，但也容易导致大学生的困惑：究竟应该选择哪种价值观？

社会主义市场经济对价值观的双重效应

在发展社会主义市场经济的过程中，一方面，学生摒弃因袭守旧、不图进取、安贫乐道等传统价值观，出现了一些适应市场经济

的新价值观，如：效益观念，质量观念，风险观念，竞争观念，平等观念，以及敢破常规、积极进取、永不满足、勇于创造的观念等等。另一方面，受商品经济的影响，也使学生的价值观出现了一些令人忧虑的现象，如社会责任感、社会义务感的淡漠，见利忘义行为的增长，人际交往中利用性和实惠性的盛行，拜金主义、享乐主义和极端个人主义的出现等等。

开放带来西方价值观的双重影响

一方面，国际文化交流的发展开拓了大学生的眼界，使他们以中华民族素有的厚德载物精神去汲取世界各国的优秀文化。另一方面，多元文化的冲击，尤其是西方某些国家所实施的"和平演变"策略和"全盘西化"图谋，确实在国内少部分学生中产生了消极影响，使一些学生有共产主义理想淡化、人生信仰多元化、人生目的庸俗化的一面。面对西方价值观的双重影响，有些学生在价值观方面产生了困惑和矛盾。

6. 学生价值观教育的认识和措施

学生有无明确的价值目标，是直接影响其学习活动能否自觉、持久的重要因素，高中生如果树立了远大的生活目标，其价值观开始作为自我意识的核心结构而对他们的各种活动起支配、调节作用。在学生为追求一定的价值目标而学习，其学习必然自觉、持久。如果学生没有明确的价值目标，也必然是胸无大志，无所追求。

通过调查发现，高中生由于认知能力的提高和思维能力的发展，他们能以较成熟的眼光看待社会。他们也很想知道自己能做什么，自己有什么样的价值观。

价值观是指学生关于客观价值的信念与观点，是学生人生观和世界观的重要组成部分。学生从不同的需要出发，判断某一事物有无价值，由此做出自己实践行动的选择。

学生价值观的形成需要老师的正确引导

高中生大部分是独生子女，由于生活环境、学习环境的改善，家长为了让学生考上好大学，大都让孩子过着饭来张口，衣来伸手的生活。缺少老一辈革命家的那种指点江山，激扬文字的气概。

要正确引导学生认识人生的目的、意义、态度。要教育学生建立正确的人生观。积极向上，在实现个人理想的同时，热爱国家、热爱人民，具有为全社会谋福利的奉献精神，人的一生应该怎样度过？保尔·柯察金"我不会因虚度年华而悔恨终身"的名言应是学生的座右铭，历史上由于人生目标的激励而成材的事件不胜枚举。可见，只要有了人生目标的激励作用，学生的学习就有了惊人的"核动力"。

学生的"实用"性价值观的"利用"

当今的高中生实用价值观越发明显，他们开始认识的特定职业与个人的价值观有特定的联系。希望找到一个既能满足自己的价值观，又能符合特定职业要求的职业。学生的一切学习活动都经过价值评价的"过滤"，由于他们面临升学和就业的压力而追求各学科的"实用价值"，就是自己不感兴趣的学科，只要高考要考的，就会集中精力去学。

发挥同龄人作用，促进价值观的形成

同龄人的相互影响是巨大的，班主任有目的地发挥那些有正确的价值观、人生观学生的榜样作用，让他们在班会上谈感想，谈认识，会下便激起阵阵涟漪，产生了共鸣。

利用班级的活动对学生进行价值观教育

进行学生的价值观的教育必须与人生观教育有机结合，价值观建立在人生观的基础之上。如果一个放弃了人生追求，连活着都觉得没意思的人，也就谈不上价值观的建立。对学生进行价值观、人

生观的教育应避免枯燥无味、居高临下、空洞的说教，而应该代之学生喜欢的方法方式，动之以情，晓之以理，与学生共同探讨人生的理想、人生的价值。

让学生正确的价值观在学校中得到认同

学生的价值观受到社会的影响，大量的社会因素影响着学生价值观、人生观的形成。学生大部分时间在学校中度过，班级、学校成了高中生重要的社会活动场所，学生在班级、学校担任的角色的影响，自己的人生观、价值观能否被承认。老师的言传身教，学校的宣传及树立的榜样的影响等，很大程度决定了学生的前途、人生观、价值观。

建立正确价值观是学生学习动力的良方

学生学习无动力的原因很多，学习动机不明确是主要方面。有的学习是为了应付家长、老师检查，在学校里混时间。学习无目的、无兴趣。有的学习是为了给家长争光，班级争气。或为了入团，为了不成为后进生。

要使学生明确学习是为了报效祖国，为了振兴中华。其次是为了个人的前途，上大学，成名成家。

高中生的学习动力来源是复杂的，主要分为外在动机、内在动机，外在动机最典型的表现是奖惩，其次还有家长、老师的督促、检查，学习效果的反馈，学习竞赛等。它是在学习动力以外，或者说学习主体的学习活动是由外力所推动的。但它的作用一般是短暂的、被动的，学习活动的维持主要不能靠这种动机。内在动机是学习的动力，来自学习主体本身，或者学习活动本身。也就是说，学习是由内在的心理因素所引起，例如，学习兴趣、好奇心、求知欲、学习目的、学习态度、学习抱负、志向等因素都是内在学习动机。内在动机的作用较持久，并具有主动性。大部分的高中生的学习活动主要是由内在动机引起的。

7. 学生人生价值观教育路径的选择

依据上述新世纪有关社会进步与青年学生人生境界提升的一些背景与趋向的预测，我们可以清楚地看到：从客观上、整体上思考青年学生价值观教育策略以及德育教育的发展刻不容缓，而且，它的实施效果如何，关系到新世纪我国人才的培养、关系到国家与民族的前途与命运。我认为：在考虑与制订21世纪高校青年学生价值观教育策略与德育教育时，必须抓好以下二个立脚点，重点突破。

把全面发展作为价值观教育的出发点

21世纪，人类将全面进入信息化的时代，世界科技日新月异，经济突飞猛进，文化的地域限制进一步打破，世界生产全球化与一体化，新观念、新思维层出不穷，人类实现全面进步，人也将实现全面发展。可见，新社会的结构特征迫切要求我们对青年学生价值观的教育，必须适应未来社会对人才规格的要求，走引导青年学生全面发展之路。

（1）把价值观教育落实到整体素质的轨道上来

21世纪是社会的全面进步、人的全面发展的世纪，关注人的发展将成为世界的潮流，社会竞争也将转变为人的全面素质的竞争。因此，我们要从战略的高度出发，把青年学生价值观教育具体落实到他们的全面发展与提高他们整体素质的轨道上来，即把人生价值观教育、科学文化教育、思想道德教育、人格心理教育、公民与社会主义教育紧密结合起来，并以知识技术教育为重点，以社会公德和职业道德为突破，切实提高青年学生的整体素质。

（2）价值观教育要突出未来的价值取向

价值观教育的取向对青年学生的影响不仅是现在的，而且是未来的，因此，它应与青年学生的超前意识反映相吻合。在21世纪

里，青年学生超前意识突出表现为，对知识的尊重与渴望、思想与行为的理性、自我价值与社会价值的双重重视、追求人格的完善、生活的个性等。所以，我们价值观教育的未来价值取向应围绕青年学生全面发展这一目标，在强调知识立身的同时，又要强调价值信念的养成；在强调公民意识的同时，又要强调法纪观念；在强调积极进取、艰苦奋斗精神的同时，又要强调团结协作的群体意识；在强调自我实现的同时，又要强调对国家、对集体与他人的奉献；在强调生活个性的同时，又要强调民族的传统道德等，从而使我们的价值观教育更富有时代感与生命力。

（3）要重视价值观理论教育的全面性与系统性。

当前青年学生在价值取向层面上存在的问题是，学校缺乏用较全面的、系统的人生价值观理论作指导而引发的。站在新世纪的入口上，站在青年学生全面发展的历史潮头上，我们不能不重视价值观理论教育的全面性与系统性，即要在全面育人的基础上，把青年学生价值观教育与对他们的政治观、社会观、道德观、生活观、学习观、择业观、劳动观与金钱观教育相结合，从根本上克服价值理论教育的片面性，防止青年学生的片面发展。

在社会环境中推进价值教育的进程

伴随着我国市场经济的成熟，科技的发展以及全球经济一体化及知识信息时代的到来，世界将变得越来越开放。在这开放的时代里，学生的学习方式由于互联网的出现而发生革命性的变化；学生获取信息的渠道不再局限长辈的经验、理解与模式，而表现得丰富多彩，从封闭、半封闭走向全方位的开放，信息的多元化使学生的生活空间大大拓展，外来文化的影响真正做到无孔不入；爱国主义、国际主义教育的内容已有所发展，注入了科学道德与生态道德的内容等。所以，我们的价值观教育既要面向未来，研究新情况、新问题，不断调整我们的教育策略。

（1）价值观教育要强调民族特色

价值观教育既要强调民族特色又要吸纳人类其他文明成果。尽管知识与信息时代千变万化，但万变不离其宗，当前高校价值观教育就是要在改革开放和社会市场经济条件下，站在中华民族的立场上，大力挖掘中华民族优秀的精髓，将青年学生这一知识群体铸造成思想先进、人生境界高尚的楷模，将传统中国知识分子那种对理想的追求，对道德与精神境界的超越以及忧国忧民、乐于奉献与牺牲、勤奋学习、艰苦奋斗的精神继承下来，使之率先成为中国下一世纪一支宏扬时代精神旗帜的中坚力量与典范。从质的层面上，以更开阔的心胸、更加理性的姿态吸纳人类其他文明成果，为我所用、洋为中用，从而使我们培养的人才更具世界眼光，架起民族优秀文化与世界文明成果交流借鉴的桥梁，为中华文明以及世界文明做出自己应有的贡献。

（2）积极铸造社会价值观的基本信念

积极铸造开放社会价值观的基本信念，在一个信息日趋开放、多元、没有围墙、没有国界的地球村环境中，集人才库、知识库、信息库与思想库一体，人文荟萃知识密集的高校，自然在带领广大学生迎接知识经济的挑战，建设有中国特色的社会主义过程中肩负重要的责任。因此，积极铸造开放社会大学生价值观的基本信念正是高校承担此重任的基本体现。从宏观上讲，这种基本信念的内容就是指社会主义的共同理想、价值观念和道德规范；具体来讲，这种基本信念就是在坚持不懈地进行爱国主义、集体主义、社会主义、社会公德、职业道德教育过程中，在认识社会发展规律，认识国情、民情，崇尚科学，抵制假丑恶的实践中形成的与社会主义共同理想相一致的，正确的世界观、人生观、价值观、道德观。

（3）互联网作为价值观教育载体的研究与实践

新世纪知识与信息的全面发展，学生学习方式、交流方式以及

获取信息的渠道的变化，使得互联网将成为未来青年学生学习与交流的重要工具，成为他们了解国内外情况的重要窗口。

由于互联网的可控性难度大，难免一些带有政治反动、色情、暴力、迷信色彩的信息在网络上传播，无疑给我们开展价值观教育带来了一些困难，为此我们必须研制新的教育软件，开辟适合学生的校园网站，在多媒体教学、远程教育、信息发布、电子图书馆启用注入思想教育的信息与内容，在对学生信息浏览、在线查询、下载软件、情感交流、网上聚会、发布求助、远程互动中给予一定的技术帮助、控制与引导，从而使学生通过互联网既达到学习与交流的目的，又达到接受思想教育的目的。立足现实，明确工作方向与目标，努力提高价值观教育的实效。

从现实来看，学校价值观教育任务艰巨，千头万绪，虽然学校工作者努力探索，取得了一定的经验与成果，但总的说来，当前价值观教育工作与急剧变革的社会环境相比，脱离社会生活、滞后于社会变革的被动局面还未完全改观。因此，进一步明确价值观教育工作的方向与目标，拓宽教育途径，提高教育实效正是高校思想教育重中之重的任务。

（4）坚持正确的价值导向，坚持学生价值多元化

坚持高校"德育""四有"目标不动摇，面对当前青年学生价值取向多元化的现实，我们务必保持清醒的头脑，狠抓政治导向的一元，以邓小平同志建设有中国特色社会主义理论为根本方针，坚持党的基本路线，坚持教育工作"四有"目标不动摇。把爱国主义、集体主义与国家利益至上的民族精神导向，为人民服务与乐于奉献的社会精神导向和开拓进取、艰苦创业的时代精神导向融为一体，立足长远，面向未来，实事求是，着眼于跨世纪人才的培养，着眼于改革开放的新形势，着眼于青年学生思想变化的特点，开拓创新，发扬求真务实的精神，克服短期行为，在解决实际问题和取得实效

上狠下功夫。

（5）要进一步创新价值教育体系

时代的变化，使原有的价值观教育体系由于缺乏战略性、超前性的研究，缺乏自我更新的能力，存在脱离社会生活与学生思想实际的弊病，阻碍着我们价值观教育优势的发挥。所以，当前进一步创新价值观教育体系，价值观教育由软到硬，由被动向主动转变，实现思想教育与行为管理，日常普遍教育与典型教育、理论学习与社会实践、理论灌输与思想流导相结合，提高价值理论教育的自我更新能力，对于我们及时回答青年学生思想上不断变换的热点与难点，提高教育的实效性意义重大。

（6）建立完整的、科学的和高效的监控系统

缺乏一套完整的、科学的和高效的学生思想监控系统，正是我们在九十年代社会变革剧裂期对学生思想教育被动、低效的真实原因。因此，我应从新生入学伊始对其过去的思想与行为表现作一个较准确的评估，并建档立册，几年内定期与不定期采取多种方式从横向、纵向两个方面对他们的思想与行为进行全面的调查、跟踪、反馈与总结，从而找到一条科学的、高效的思想教育之路，大大提高我们思想教育的针对性、可控性与预测性，从而扭转当前思想教育不力的局面。

发挥校园文化的教育，弥补正面思想教育工作的不足，校园文化历来是高校精神文明与思想政治工作的重要载体。健康向上的校园文化对陶冶学生的情操、培养健康的人格、促进学生身体健康和全面发展有着重要的影响。我们要在创建具有文化积淀的校园环境上下足功夫，重点抓好校园文化管理和各项规章制度的制订，以及全校性文化艺术综合活动的开展，充实与坚守校园这块精神文明之阵地，唱响主旋律，抵御消极、颓废文化对校园的侵袭，从而弥补思想政治工作正面教育的不足。

8. 如何对学生进行观念素质教育

当代学生是祖国的未来和希望，是新世纪社会主义建设者和接班人，是21世纪的主人。他们的思想素质如何，他们的理想信念如何，直接关系着21世纪中国的发展和前途。对他们进行世界观、人生观和价值观教育，使他们树立科学的理想和信念，是当前思想政治教育的重要内容之一。

理想信念教育为核心

学生正处于世界观、人生观、价值观形成的关键时期，帮助他们确立崇高的理想信念，对他们一生走什么路、做什么样的人都有着不可低估的影响。我们一定要看到在新旧经济体制转换、各项改革深入推进时期，思想政治领域的复杂矛盾和斗争会更多、更直接反映到高校中来，影响着学生的思想观念、价值取向和行为方式；一些消极的错误政治观点、价值观念和思想以及腐朽的思想文化，难免会通过各种渠道对学生的思想产生冲击和影响。

市场经济环境下进而诱发或强化"金钱至上"、"个体本位"的价值观和思想意识；我国开放程度的扩大、互联网技术的快速发展，西方敌对势力对我国"西化"图谋的加强，极易造成部分学生价值目标的偏离。同时我们也应看到，当代学生自身的状况发生了显著变化。一方面学生的思想主流是积极的、健康向上的，他们认同"三个代表"重要思想，关心国家大事，有强烈的民族责任感，维护学校发展大局，更加重视专业知识学习和专业技术的提高，眼界更加宽阔，思想更加活跃，认识和思考问题的方法更加趋于理性。

另一方面，一些学生的思想道德约束感和现实责任感低下，不能很好地利用马克思主义理论观察分析纷繁复杂的社会现象，且缺乏为国家、为民族发展的贡献的远大目标和应有的社会责任；有的学生追求名利，表现出实用化、功利化的倾向；少数学生心理承受能力较弱，遇上工作不顺、上岗挫折、爱情失意，便产生沮丧、自卑、孤独、焦虑等消极情绪。缺乏应有的心理疏导和调适能力。面对这些新情况，如若放松对学生的思想政治教育工作，不注重用马克思主义理论去武装他们的头脑，非马克思主义、甚至反马克思主义的东西必然会乘虚而入；学生如果缺乏科学，缺乏远大的人生理想和坚定的社会主义信念，就看不清社会的前途，认不准前进的方向，走不好人生的道路，担不起社会的责任。

加强对学生进行马克思主义理想信念教育，就是要使他们认识到马克思主义是迄今为止关于人类历史发展规律最科学、最严谨、最有生命力的思想理论体系。马克思主义是将科学的世界观和方法论、彻底的唯物主义、无产阶级党性原则、全心全意为人民服务的精神融为一体的崇高信仰。马克思主义有真理、有正义、有科学、有人格，符合客观规律和人类良知。

加大对学生进行马克思主义理想信念教育，就是要使他们认识到，当今的全球化经济时代，是马克思主义创始人马克思和恩格斯早就预见到了的。世界一体化和全球化是马克思、恩格斯早就提出的一个重要思想，是唯物史观分析资本主义、揭示资本主义发展趋势的一个重要范畴，它不仅同资本主义相联系，也同资本主义向共产主义的发展相联系。随着社会生产力的高度发展，生产力不仅越来越社会化，而且越来越全球化，也就是马克思说的"历史完全转变为世界历史"的时代。所以全球化是从资本主义生产力的发展开始的，必然经过生产力的高度发展，否定资本主义并为共产主义创造条件。这是人类历史前进的、必然的、正确的方向。

用科学理论武装思想

恩格斯说过："一个民族想要站在科学最高峰，就一刻也不能没

29

有理论思维。"列宁也说过："没有革命的理论，就不会有革命的行动。"中国革命和建设之所以能取得举世公认的成就，就是毛泽东同志把马克思列宁主义理论同中国的具体实际相结合的结果。可见科学理论的力量是强大的。作为社会主义事业的建设者和接班人的青年学生，能否掌握这些科学理论，并在社会主义事业中自觉地实践这些理论，直接关系到社会主义事业的生死成败。

伟大的实践需要伟大的理论指导。马克思主义、毛泽东思想、邓小平理论及"三个代表"重要思想是被实践证明了的科学理论，是我们立党立国之本。邓小平同志认为，进行思想政治教育，最根本的是进行马克思主义、毛泽东思想的理论教育。深入学习马列主义、毛泽东思想、邓小平理论和"三个代表"重要思想，是共产党人推动社会主义社会全面发展的内在要求，也是科学地认识世界、分析问题，坚持正确的行为取向的内在要求。因此，邓小平同志多次强调要加强马克思主义理论教育，他呼吁全党同志要善于学习，最基本的就是学习马列主义、毛泽东思想。在新的历史时期，江泽民同志强调学生要学习和掌握马克思主义、毛泽东思想，特别要自觉地用邓小平理论武装头脑。他明确指出，必须用马克思主义占领高校的思想阵地。

新形势下，用马克思主义教育学生是思想政治教育的根本任务，这是因为：首先，马克思主义是大学生提高思想政治觉悟的指南。学生的社会主义和共产主义的思想意识，不能自发的产生，必须依靠学生的思想政治教育来实现。之所以说马克思主义的教育能够使学生产生社会主义和共产主义的思想意识，是因为这个理论正确地反映了人类社会发展的客观规律，是无产阶级的科学世界观、是人类智慧和正确思想的结晶。

有了马克思主义这个完整的世界观作指导，学生就对整个世界和人生有了一个科学的认识，就能树立崇高的理想和坚定的信念，

就会有高尚的情操，就会有坚强的毅力和学习积极性。其次，马克思主义是学生提高认识能力的锐利武器。马克思主义不仅为学生提供了改造思想意识，提高政治素质的科学世界观，而且为学生提供了改造思维方法，提高认识能力的科学认识论。因此，要使广大学生掌握马克思主义理论，才能正确认识客观事物的本质和客观规律，才能真正把学生培养成为社会主义和共产主义的接班人。

坚持用科学发展观教育

（1）科学发展观是宏伟目标

发展是马克思主义的重要组成部分，发展的内容和形式不同时期有着不同的变化。过去强调"发展是硬道理"，经过 20 年的奋斗，总体上实现了小康，也意味着不惜代价解决温饱问题的发展观必须进行相应的转变。而今后的 20 年，是实现全面建设小康社会的宏伟目标的 20 年，就必须用新的科学发展观来指导各项建设实践与具体工作。确立科学发展观，对于提高领导经济工作的水平和驾驭全面的能力，实现全面建设小康社会的宏伟目标至关重要。

（2）科学发展观是矛盾的要求

科学发展观的提出具有很强的现实针对性。针对我国现时存在的城乡、工农差距扩大，农业基础薄弱，农村发展滞后，农民收入增长缓慢，沿海地区发展快，西部地区发展慢，东西差距拉大，社会事业发展滞后，政府工作人员存在着主观主义、形式主义、官僚主义和弄虚作假、以权谋私、贪污腐败等问题。党中央高瞻远瞩提出了"五个统一"和"五个坚持"等全面、协调、可持续发展的科学发展观。这就是我们党在新时期新阶段，新的发展观。对中央以人为本的科学发展观，全党、全国、各族人民无不拍手叫好，真正体现了民意和人心。

我们当代的学生肩负着社会主义建设的重任，如果我们不坚持科学发展观，而是任其发展，必然导致人口剧增、环境破坏、生态危机、人文失落、价值失衡、社会腐败漫延，最终导致社会全面失衡，这必须引起我们深刻反思和高度重视。因此，当代学生必须充分认识科学发展观的重大而深远的意义，自觉地坚持科学发展观，以实际行动创造文明和谐的校园环境，带头保持学校稳定、协调，师生、生生关系融洽、学习进步，促使学校各项工作全面、协调、科学的可持续发展。

9. 怎样促进我国学生价值观的教育

改变我国当前的价值观教育状况，有利于改变我国当前德育的困境，在此对改变价值观教育提出几点建议：

设置贯穿价值观教育的文化课程

在西方，尤其是在英国，通过课程来进行的价值观教育主要由四个方面构成：公民教育、个体的社会适应和心理健康教育、国立的课程科目教育、宗教教育。在此，我们也可吸取他们的一些成功经验，设置一些符合我国国情的、贯穿价值观教育的基础课程。如，将宗教教育变为我国的思想道德教育等等。

进行适宜其年龄阶段和水平的价值观教育

在大学阶段以前的儿童和青少年也应该接受价值观教育，但由于不同年龄阶段的受教育者具有不同的生理和心理特点，所以在价值观教育方法的选择上也应该有所区别。一般来讲，随着受教育者年龄的增加，思维能力的提高，会越来越反对那种机械的灌输式教育方式，而接纳自主性强及具有关怀主义性质的教育方式。比如前述英国的价值观教育协会的一项调查就认为，中学生比小学生更反对每天一次的集体礼拜活动，尽管小学和中学都几乎一致的宣称价值观教育发生在集体的礼拜中。

另外，在价值观教育的内容上也应有所区别，小学生喜欢谈论课本上涉及到的价值问题，而中学生和大学生却更加关注现实生活中实际发生的价值问题；小学生比较容易接受与日常生活行为有关的具体价值教育，而中学生和大学生比较容易接受政治和思想方面的抽象的价值观教育。事实上，关于后一点，我国的许多研究者也都提出了自己的看法，认为从时间上看，思想政治教育应当奠基在基本的道德教育的基础之上，而在我国的学校价值观教育中存在着明显的好高骛远问题，即从小学就开始进行助人为乐、大公无私教育，这显然不符合学生的生理和心理特点，也超越了学生的实践能力。而对大学生也应当设计出符合他们年龄和水平的价值观教育的课程和方法。

注意校园文化对价值观教育的影响

隐性课程的作用主要是指课程以外的学校生活影响着学生价值观的发展，这些因素主要包括校风、学校的政策、教师榜样、有学生参加的学生委员会、规章和纪律等。尽管通过专门的价值观课程以及学校其它的专业课程对学生进行价值观教育，也是价值观教育的主要途径之一，但近年来，通过课程以外的形式对学生进行价值观教育却受到研究者更多的重视，这种所谓的"隐性课程"在价值观教育中的作用更大。这些教育形式既有物质层面的也有精神层面的，既有动态层面的也有静态层面的，比如校园建设、校风班风、课外活动、感化工作及学校规章制度建设等。

寻找适合的价值观教育方法

在价值观教育中，无论理论基础如何、概念和操作手段上存在什么差异，都应尽可能吸收各种方法的优点，根据时间、场合、受教育者的年龄、所处社会文化的特点、价值观教育的内容等来选择或综合使用不同的教育方法。

原价值观澄清学派的重要人物柯申鲍姆认为，"价值观教育一定

是综合性的方法效果更好"，"如果我们的目的是促进青年人形成信赖、尊敬、责任感、关爱、公平、好的公民意识等核心价值观念，我们就应该欢迎所有能达到目标的最好的方法"。就不同方法之间的综合运用，他也提出了自己的看法：通过讲授，学生可能会记住一些有关价值观的知识；通过演示和榜样宣传，学生可能会记住更多；如果在以上基础上还能给学生提供一个自己处理信息、形成概念和判断的机会，学生将会记住更多价值观知识，而且保留时间将更长，对其行为的影响作用也会更大。所以，学校也应该寻求各种各样的方法来促进学生的价值观教育。

10. 学生观念素质教育的方式

人生观价值观教育，是社会主义精神文明建设的重要组成部分。培养学生树立正确的人生观价值观，是一项长期复杂而又艰苦细致的工作，是高校的重要职责之一。

从总的情况看，目前，高校人生观价值观教育的主流是好的，总体呈现积极进取、健康向上的态势，成才成功愿望和学习自觉性进一步增强。但是，随着经济社会的发展，人们的政治兴趣和政治信念趋向淡化，理想功利化趋势明显。高校人生观价值观教育也出现了教育目标偏移、评价标准多元化、教育模式缺乏创造性、教育效果一般化等现象。有必要采取措施，加强这项工作。

强化教师与学生互动性、主体性

人生观价值观教育要遵循学生发展成长的规律，遵循以人为本的原则，要确立、承认教育者与受教育者双方同时都是主体的模式，即"主—主"模式，突出教育者与受教育者相互之间的主体性，打破传统的"主—客"模式，尊重大学生的自主性，发挥学生的创造性，调动学生的能动性。允许学生在一个开放的、民主的环境中学习。

教师在教育的过程中，应当将既定的人生观取向与规范，明示于学生，也应将与之相似、相异甚至相反的各种现象告诉学生，而不是采取鸵鸟政策，将后者裹藏起来。要主动打破教师的至尊地位，以朋友的姿态与学生相处；教师也要在教学中不断地充实自己，学习新知识，总结新经验，还要在与学生的互动中，善于汲取学生的闪光思想，听取学生的意见和建议，不断改进教育模式和方法。

注意教育的发展性、实践性和层次性

人生观价值观教育的目标定位不能脱离社会主义初级阶段的国情，学生人生观价值观教育方式方法也应当与现实的经济状况相适应。学生是先进文化的接受者、创造者、传播者，是推动先进文化建设的生力军。培养青年学生的爱国主义情怀，能够增强民族凝聚力，增强抵御各种不良思潮侵蚀的能力。集体主义是社会主义社会在思想道德领域中最基本的价值导向，集体主义教育的最终目的是要使当代学生形成正确的行为规范，使他们自觉抑制不正当的个人利益和狭隘的小团体利益。

在建设社会主义的伟大实践中，提倡通过艰苦奋斗以实现自我价值，是我们进行社会主义人生观价值观教育的根本所在。因此，接受和传播当代中国的主导文化，倡导爱国主义、集体主义、社会主义思想；倡导科学精神和科学思想，传播科学知识，反对迷信；抵制拜金主义、享乐主义、极端个人主义等腐朽思想，应当成为当代大学生人生观价值观教育的主要内容。

社会的和家庭的、历史的和现实的、国内的和国外的、经济政治的和科技文化中的各种信息和问题，都会以各种方式和渠道潜移默化地影响大学生的思想，支配着学生的行为。人生观价值观教育目标要与动态发展的社会现实相一致，应从现有的经济、政治和文

化的发展条件出发。掌握大学生人生观形成的特点，从学生现有的思想状况出发，从学生的思想实际和可以接受的程度出发，有分别地、分层次地进行教育，既要贯彻高校思想政治教育工作的总目标，又不能降低培养"四有"新人的要求。

在进行人生观价值观教育时，要注重学生思想品德层次高低的实际情况有针对性地进行。对那些德智体全面发展的、思想素质高的学生，教育和帮助他们树立共产主义人生观，把他们真正培养成为社会主义现代化建设事业的中坚力量；对于那些在思想素质、道德品质等方面处于中间层次的学生，应引导他们逐步树立为人民服务的思想，把他们培养成为社会主义现代化建设事业的有用人才；对那些受消极人生观影响较大的极少数学生，则应引导他们开展积极的思想斗争，逐步确立正确的人生价值取向。

探索有效途径和载体，加强观念教育

可以通过积极开展各种各样的参观考察活动，如参观爱国主义教育基地、参观改革开放成就展，利用影视资料、新闻媒体、社会舆论进行社会主义人生价值观教育。通过开展主题班会、社团活动、青年志愿者活动，举办征文大赛、讲演比赛、辩论大赛等方式，营造丰富多彩的校园文化氛围，教育、熏陶和引导青年学生。利用好互联网这一优势，积极开发拓展加强学生理想信念教育的新渠道。

关注学生的心理健康，做好学生的心里咨询工作；同时要充分利用社会和家庭在学生人生价值观教育方面的重要作用，使学校、家庭和社会教育紧密结合，营造一个全面的优化育人环境。

11. 当代学生观念教育的对策

学生是祖国的希望和未来，其能否树立起同党和国家发展、社

会进步相统一的正确的人生观，关系到我国社会主义的发展、兴衰和成败，直接影响着中华民族未来的繁荣与富强。因此，需要针对学生人生观中存在的问题采取相应的教育对策，帮助学生摒弃错误的观念，树立正确的人生观。

加强自我教育

人生观教育是一项复杂的心灵塑造工作，需要健康环境的熏陶和良师益友的引导。但外因只有通过内因才起作用。所以，归根到底要靠学生主动的自我教育，学生的自我教育是人生观教育的前提。学生应从本校和自己的实际情况出发，处理好道德品质的培养与专业学习的关系，在认真学好马克思主义理论和思想品德课的同时，主动选修一些人文社会科学方面的课程，为自己树立正确的人生观打下基础；要努力学习中华民族的优秀文化，特别是文学、历史以及哲学方面的知识，来汲取前人的优秀思想，丰富自己的文化内涵；要积极参加各种形式的校园文化活动和社会实践活动，培养自己健全的心理，良好的性格，高雅的情趣和追求真善美的精神，树立健康人生观。

加强家庭教育

家庭教育作为人生接受教育最早、影响时间最长的一种基本形式，在学生的成长过程中起着十分重要的作用，是学校教育不可替代的。中华民族有重视家庭教育的优良传统。"在家庭教育中，人生观教育是核心"家庭的人生观教育主要是通过父母的"言传"和"身教"进行。"言传"顾名思义就是父母通过言语来教育子女树立正确的人生观，告诉子女一个人只有把自己的人生追求与国家的发展前途联系起来，他的学习和成长才会有意义，从而帮助子女树立远大的人生理想；要告诉子女金钱不是人生活的第一位，做人才是第一，从而帮助子女抵制金钱的不良诱惑。

古人曰："其身正，不令则行；其身不正，虽令不从"，这告诉我们"身教"重于"言传"。这要求父母在通过言传使大学生在思想上树立正确的人生观理念的同时，要努力提高自身的文化素养和品德修养，不断提高自身素质，用自己的良好行为成为子女成长的榜样，用以身作则的"身教"引导子女树立正确的人生观。

加强学校教育

对大学生进行人生观教育，是高等学校一项经常的重要任务，学校各级领导应当充分认识这项工作的重要战略意义，作为经常性的任务，长期不懈地坚持下去。

（1）加强理论教育

系统的、科学的人生观理论教育，是人生观教育的重要前提。学生从小受到家庭环境的熏陶，经历了小学、中学阶段的学校教育和社会影响，一般来说他们已掌握了一些有关人生问题方面的知识，有一定的生活体验，对人生理论有浅层的理解和认识。但是多数学生的生活经历都是从学校到学校，生活的内容是一味单调的学习，尚未受到系统科学的人生理论教育。由于理论上的缺乏，使一些学生对人生种种问题认识不完备、不深刻，甚至在大是大非面前缺乏理性思考。这就要求我们在对学生进行人生观教育中必须向他们传授具有系统性和一定深度的理论知识。首先，用马克思主义基本理论教育、武装当代学生。其次，重视思想道德修养课。

（2）开展实践教育和典范教育

要想学生真正树立正确的人生观，仅仅学习理论是不够的，还必须重视实践的作用，也就是要"走出去"。这就要求高校要有计划地组织学生参加公益劳动和社会服务工作，适当合理地安排学生走向社会，开展社会调查研究，直接参与到社会实践中，去体验社会实践对自身的要求，去认识自己的能力与实践要求之间的差距，去感受个人对社会的责任，丰富他们的实践经验和人生阅历，从而帮助学生不断纠正人生观发展中的不良认识，克服其不良表现，使学

生的人生观念不断得到充实、发展和完善。

在"走出去"的同时，还要"引进来"。所谓的"引进来"就是把杰出人物请进大学，对大学生进行典范教育。榜样的力量是无穷的，杰出人物从来都是年轻人向往的对象，把杰出人物请进大学讲课、开讲座、作报告，能够产生轰动效应。要注意在选择榜样时要贴近生活、贴近学生，增强榜样的现实感、可信度和影响力。最好是大学生中的典型人物，这样更易学生接受和学习。

（3）发挥教师的育人作用

在学校内，教师与学生的接触是最多的，他们的一言一行，一举一动都对学生产生重大影响。他们是学校育人的主力军，他们在育人上有很多优势和便利条件，可以在从事教学的全过程中，把如何做人，树立正确人生观的教育，渗透到各个教学环节中去。因而在加强学校教育时，要发挥全体教师的育人作用。在教师中，班主任、辅导员和思想政治课老师，是直接面向学生的思想政治教育工作队伍。学校要有计划、有目的地培养这支队伍，使他们把学生人生观教育视为己任，并掌握必要的理论知识和进行这种教育的实践经验，发挥这支队伍的骨干作用。同时学校要采取切实措施，将德才兼备的毕业生和教师吸收到这支队伍里来，保证这支队伍的数量和质量，建设一支政治理论水平高、业务水平更过硬的思想政治教育工作队伍。

加强社会教育

学生的人生观教育是一项长期而艰巨的任务，要完成这项任务，不仅需要依靠学生自身、学校和家庭的教育，还需要调动全社会的力量。社会各级政府、社区、企事业单位、各种传媒的有力支持是大学生人生观成熟的必要条件。

一方面，各级政府、社区、企事业单位要不断地完善网络管理，如通过制定政策、法律法规，净化网络空间、丰富网络内容，引导学生合理使用网络；找好切入点，把中华民族的优秀资料放到网上去，让学生了解更多的中华民族的传统文化和民族精神，自觉抵制不良文化的侵蚀；把学生的网上活动吸引到健康有益的内容上来，提供适合学生发展需求的文化产品。

另一方面，影视、报刊、网络等主要新闻媒体要提供适合学生发展需求的内容，如编导优秀学生创业电视剧，拍摄优秀积极向上的校园文化生活片，开通高校学生思想感情交流的各种成长网站，出版大量的大学生发展为主旋律的文学作品，多谈正面的东西，多树立体现时代精神、实践社会主义精神文明的楷模，多表扬在市场经济大潮中涌现出的工作在平凡岗位上的人的先进事迹。

另外，各级政府、社区、企事业单位应该多为学生的社会实践提供机会和场所，主动指导配合，让他们在实践中接受锻炼，受到熏陶，加深对改革大好形势的认识，提高其明辨是非的能力，促使他们关心国家大事，增强对社会的责任感。

12. 解决学生价值观困惑的教育对策

如何解决当代学生在价值观方面的困惑，是一个系统工程，涉及到社会存在和社会意识的方方面面。

确立主导价值观

当代学生在价值观方面的困惑，重要原因之一就是价值观的多元化。我们正处在价值观变革的时代，多种价值观同时并存，有我国传统价值观，也有现代西方价值观，有原有计划经济时期的价值观，也有现代市场经济时期的价值观，当代学生在价值观方面的困惑，直接源于这种价值观的多元化。所以，解除当代学生价值观困惑，首先就必须确立一套先进的主导价值观，学生就有了一个主导的价值标准，就不会无所适从。当然，这个价值观体系不是只有一套完全一致的价值观，而应该是主导性和多元性统一的价值观体系。这个主导价值观的建立，一方面必须合理利用传统价值资源，如：整体本位、义利统一、诚实守信、追求高尚人格等，另一方面必须借鉴西方价值观的合理成分，如功利主义的合理因素、人道主义的可取成分等，要用开放和建设性的态度，批判地吸收各种外来价值观念，利用一切有利于建立现代中国文化和价值观念体系的东西。

只有两个方面结合起来，既批判地继承传统，又批判地吸收外来文化和价值观念，我们才能建设既具有中国特色的，有具有全球眼光的，既是传统的，又是现代的价值观念体系。这一主导价值观就是有中国特色的社会主义价值观，是以马列主义、毛泽东思想、邓小平理论和"三个代表"重要思想为指导思想的、以为人民服务为核心、以集体主义为原则的、以"五爱"为主要内容的价值观。

改进学校德育工作

确立主导价值观后，还要加强价值观教育，而学校是学生接受价值观教育的主要场所。所以，解决当代学生在价值观方面的困惑，加强学生的价值观教育，首先必须加强和改进学校德育工作，发挥各级学校的阵地作用。具体应该做到以下几个方面：

（1）建立和完善学校德育体系

国家教育部颁发的《中学德育大纲》和《中国普通高等学校德育大纲》是对学生进行价值观教育必须遵循的纲领性文件，要认真贯彻执行德育大纲，加强和改进学校德育工作，建立全方位德育格局，形成全员德育意识，增强德育整体效果，提高德育水平，建立和完善有中国特色社会主义学校德育体系。

（2）学校德育工作在内容和方法上进行适时的变革

针对不断变化的社会，对学生进行国际形势、国情及民情教育，运用生动活泼、形象直观的电教、社会实践手段，在学生与社会之

间搭起理解和认识的桥梁，培养学生的历史使命感和社会责任感；用科学思想丰富学生头脑，加强主渠道能量，提高学生辩证思考问题的能力，自觉抵制个人主义、无政府主义影响，正确处理个人与社会的关系。

（3）必须大力加强校园文化建设

要强化学校秩序环境，通过科学的管理、完善的制度、健康活泼的集体活动来营造一种明朗、健康、活泼、有序的文化氛围，为校园文化注入时代的特色和生机；要完善学校的人际和舆论环境，通过多种形式，树立良好的校风、学风，形成健康的舆论导向和有凝聚力的校园精神，给学生以积极的影响。

加强精神文明建设

环境是学生发展的外部条件，对学生价值观的形成和变化起着潜移默化的作用。同时，现实社会环境也是最能影响学生价值观的因素之一，环境对学生的价值观的形成和发展具有正反两方面的作用，环境既能强化价值观的教育，也可以弱化甚至抵消价值观的教育。与学生所接受的教育相适合的环境能巩固价值观教育的成果，而一个不合适的环境，最能使价值观的教育显得苍白无力。

学生在价值观方面的许多困惑，就是因为他们感到现实生活与他们在学校所接受的教育是不同的，甚至是矛盾和对立的。因此，解决当代学生在价值观方面的困惑，还必须加强精神文明建设，净化生活环境，使学生在学校所接受的价值观教育与社会所奉行的价值观尽可能一致，而不是相反。

加强精神文明建设，净化社会环境，就必须坚决制止党政机关和干部队伍中存在的消极腐败现象，纠正损害群众利益的行业不正之风，反对经济交往中的假冒伪劣、欺诈行为，打击社会的丑恶现象，纯洁影视、书刊等大众传媒，扫除黄赌毒。同时，要大力宣传各种典型事迹，为学生树立楷模，讴歌无私奉献的孔繁森、吴天祥、

李素丽等社会主义时代英雄，创造一个勤奋、务实、积极、向上的社会氛围。为此，政府要创造条件，建设革命与现代化建设的参观纪念地，建设各种健康的文化、科技、体育展览场馆，使学生有接受传统和正确价值观的校外场所；共青团及各种大学生组织要开展"青年志愿者行动"、"希望工程活动"、"向特困生献爱心活动"等多种活动，使大学生在组织的怀抱中、在有益的社会活动中、在身体力行中升华价值观，解答自己的困惑。

重视家庭教育

既然缺乏家庭德育是学生价值观困惑的一个重要原因，所以，在今天中国，要使学生的价值困惑有所缓和，就必须重视家庭教育，营造良好的家庭氛围。而要做到这一点，首先要呼吁学生家长加强学习，提高自身素质，关注孩子的成长，及时了解孩子的思想动态，多与孩子交流和讨论价值观方面的问题。其次，要革除家庭教育中的封建残余，反对家长专制作风，促使家庭教育建立在科学、民主的基础之上，形成家长与孩子之间的平等和睦关系最后，还要建设文明家庭，使学校、家庭、社会协调一致，形成卓有成效的德育合力，共同把学生学生培养成一代社会主义的"四有"新人。

13. 加强观念教育提高学生思想素质

当代的学生是新世纪建设有中国特色社会主义事业的主力军，他们的人生观如何，直接关系到他们的素质是否能够得到全面提高，更关系到我国社会主义事业的兴衰成败。如何做好学生的思想工作，历来是教育部门面临的一大重点和难点问题。广大教师在做学生的思想工作时，应把握时代的脉搏，把握规律性，坚持经常性和连贯性，联系实际，把握时效性。把学生放在与教师平等的位置上，使学生树立正确的人生观、价值观。

灌输理论指导

共产主义思想体系中的有关基础知识和基本理论，特别是马克思主义的哲学和社会主义的理论，是学生形成共产主义人生观的理论基石。因此，我们必须把这些理论通过多种途径灌输给学生。学校要充分发挥政治课在人生观教育中的主渠道作用，政治课教师要有效地联系学生实际，对学生进行人生观基本理论教育。同时通过主题班会、团会有计划地组织学生学习人生观基础知识和基本理论。通过学习，使学生树立起正确的人生观。

联系实际，引导疏通

对学生进行人生观教育，不能光讲大道理，进行空洞的说教，必须坚持联系实际，才能收到良好的效果。除了联系英雄模范人物的实际进行教育外，还要注意通过联系现实生活中存在的问题，疏通阻碍学生形成正确人生观的关节。比如在社会主义市场经济体制下，社会上出现某些消极的现象，不可避免地影响着学生正确人生观的形成。

在加强对中学生进行人生观教育过程中，必须联系现实生活中的实际问题，引导学生全面地辩证地看待社会，看待人生，不能把个别的局部的问题看成是普遍的全局性的问题，引导学生克服片面性，疏通阻碍学生形成正确人生观的关节。从而有效地促进学生正确人生观的形成。

经常性地开展教育

对学生进行人生观教育不是一朝一夕的事，必须坚持经常并通过多途径开展教育。主要途径是政治课教学、班团会和各学科教学活动，学校的其他方方面面工作及各种活动也都要渗透人生观教育，学校还要发挥教师的楷模影响作用，注重言传身教。

在进行教育过程中，要注重针对性和实效性。各科教学要结合

教材内容，针对学生实际，坚持以传授知识为载体，有机地渗透人生观教育。比如，物理科教师，在讲牛顿定律一课时，就可以在介绍科学家生平时有机地渗透人生观教育。他的前半生从承认物质第一性出发，发现了"万有引力定律"，但是他后半生陷入了唯心主义的泥坑，花了整整25年时间研究神学，企图证明上帝的存在，结果一事无成。其他学科教学，也都要结合教材内容，有机地渗透人生观教育。这样，就能使各科教学对促进学生形成正确的人生观，起着积极而有效的作用。

结合时代精神进行教育

学生正处在长身体长知识的时期，世界观尚未成熟。因此，教师应加以正确引导，教育学生树立正确的世界观、人生观。"国家兴亡，匹夫有责"，每个炎黄子孙都应热爱自己的祖国，关心自己国家的命运，因为每一个人的生命都是与国家命运联系在一起的。因此，我们要狠抓爱国主义教育这一主课题。学习中国悠久的文化和历史，树立起中华民族的自尊心和自豪感；学习近代的民族屈辱历史，树立起民族自强的决心和志向，为中华之崛起而读书。现在中国经济取得了不俗的成就，正朝着中华民族的伟大复兴的雄伟目标而行进。

联系实际，把握时效性

对学生进行人生观教育，就要及时掌握学生的思想动态，还要经常进行指引和疏导教育，以达到良好的思想教育目标。在以正面典型人物为学习榜样的同时，也可以结合时事新闻进行负面典型的批判式教育。

例如，在社会价值观的转变下，出现了一群有别于传统思维、行为的"新新人类"。他们特异的穿着打扮与崇拜明星偶像的心态，转移了他们对学业的注意力。最让人不能接受的是，新新人类对物不珍惜，对人不关怀的冷漠感，使老师往往无能为力。就此问题，首先应该动之以情，晓之以理，做好这一类学生的思想工作；另外也应该让学生懂得个性张扬并不是错误的事情，但是凡事有度，不应该伤害到他人，更不应该耽误学业。

此外，学校还要充分发挥主题班会、团会的作用。针对学生实际，有计划地组织开展专门研讨人生观问题的主题班团会；有目的地解决学生中存在的模糊认识和不正确的看法。比如，组织学生开展《为什么要树立正确的人生观》、《怎样树立正确的人生观》、《我们当代的中学生应该有一个什么样的人生观》、《革命烈士人生观与人不为己天诛地灭》等专题研讨会。

学校还要充分利用各种节假日开展形式多样的活动，以活动为契机，适时的对学生进行人生观教育。要坚持参与到人生观教育的各种活动之中。使学生投入到丰富多彩的各种活动之中，从不同角度，受到深刻的人生观教育。

总之，学校只有切切实实地加强对中学生进行人生观教育，才能更好地全面地提高学生的素质，培养新世纪建设有中国特色社会主义的有用人才。

14. 学生荣辱观价值观的再教育

学生作为时代的宠儿，在时代赋予他们的责任与使命的同时，也使得对其价值评价标准更高，对其行为的关注程度更高，也对其荣辱观的培养更加注重。荣辱追求作为一种目标专一的、在理性指导下的自觉的行动，是一定价值观念的反映，重视价值观教育从其实质上培养大学生荣辱观，使一定的荣辱观念变成现实的过程，求荣避辱，追求崇高的道德理想，培养社会主义的栋梁之材。

教育内化到学生日常行为生活中

荣辱追求是自觉的，其自觉性是指一个人在荣辱观的追求中，充分认识行动的荣辱意义，使自己的行动服从于社会要求的荣辱价值观。这种价值观反映着一个人的坚定立场和信念，它贯穿于追求行动的始终，是产生执著追求的源泉。以"八荣八耻"为主要内容的社会主义荣辱观，为青年学生道德建设树立了应有的价值目标和道德标杆，进行荣辱观教育与学生的日常行为管理相结合，就是要把荣辱观的深刻内涵细化、硬化为行动的若干指标，使其对青年学生的思想道德要求由软到硬，由虚变实。把荣辱观教育融入于各种制度管理中，建立学生日常行为评估机制，规范学生的日常行为，明确告诉学生可做什么，不可做什么，在日常道德实践中弘扬正确的荣辱观。

价值观教育与爱国主义教育相结合

"爱国主义就是千百年来巩固起来的对自己的祖国的一种深厚的感情。"，"中国人民有自己的民族自尊心和自豪感，以热爱祖国，贡献全部力量建设社会主义中国为最大光荣，以损害社会主义祖国利益、尊严、荣誉为最大耻辱"，"中华民族有着深厚的爱国主义传统，这是我国各族人民风雨同舟、自强不息的强大精神支柱"。

历史上的爱国主义精神，常常体现在抵御外族侵略、英勇杀敌和富国强兵、变法自救以及忧患、参与和奉献意识诸方面，由此转化为各种各样可歌可泣的人格精神。从"正心诚意，修身齐家，治国平天下"到"位卑未敢忘忧国"，从"先天下之忧而忧，后天下之乐而乐"到"国家兴亡，匹夫有责"，其共同特点就是把国家的命运同个人的生命和价值融为一体，体现出一个民族的意识、尊严、自信和向心力、凝聚力。加强爱国主义教育，是社会主义精神文明建设的主要内容，要贯穿社会主义现代化建设过程始终。

爱国主义和社会主义是一致的，我们要始终把国家主权、安全放在第一位，要提高民族自尊心、自信心，把热爱祖国、建设祖国看作是最大光荣，了解历史文化，了解党的历史和政绩，发扬浩然

正气。将热爱祖国的情感体验与知荣辱、明事理、守礼义、讲德性的正确荣辱观结合，通过学生自我实践来进行价值观的再教育。

开展实践教育树立正确的荣辱观

知行合一，树立社会主义荣辱观，知荣明耻，重在实践。与校园文化活动相结合，用生动活泼的形式进行社会主义荣辱观教育。丰富多彩的校园文化活动是进行社会主义荣辱观教育的有效载体，根据学生的特点，科学的设计与安排形式多样的文化活动，既突出主旋律，又体现趣味性，寓教于乐，使学生在良好的校园人文、自然环境中树立正确的荣辱观念，促进自我全面发展和健康成长。

根据青年学生上进心强、集体荣誉感强、竞争意识强、思维敏捷、有创造精神等特点，开展创文明寝室、文明班级、做文明大学生等活动，营造良好的积极向上的氛围；根据学生求知欲强、爱娱乐、爱活动的特点，开展"读好书，看好片，唱好歌，做好事"等活动，开展书评、影评、剧评，抵制低级文化趣味和非理性文化倾向，倡导高雅健康的校园文化，举办各种荣辱观的演讲赛，辩论赛，学习报告会等，使学生在潜移默化中接受正确的荣辱观教育；针对学生中讲潇洒、赶时髦、追求享受、不思进取等不良现象，可有针对性地开展扶贫济困、倡导公益劳动、组织志愿者行动，引导他们积极参与社会实践，开展社会调查，使广大学生的心灵得到净化，思想得到熏陶，认识得到升华，觉悟得到提高。

发挥高校积极因素营造一个良好环境

对学生的荣辱价值观教育，除了学生自我本身的内在价值取向之外，还需要全社会营造一个环境。学校教育并不是封闭的教育，社会上的各种观念和思想，都会给学生的成长造成直接或间接的影响。在学生思想观念形成过程中，当然离不开本人的主观努力和学校的教育引导，同时他们更希望能有一个良好的社会氛围。因此，为了给青少年，包括学生的荣辱观培养创造一个良好的环境，必须

加强公民道德建设，在广大人民群众中树立正确的社会主义荣辱观，大力改善社会风气。同时发挥校园教育的合力，充分发挥教师的示范带头作用，增强树立社会主义荣辱观的自觉性，严谨治学，以德施教，敬业重道，乐业爱岗；发挥学生党员干部的表率作用，以身作则，言行一致，时刻不忘共产党员应尽的义务和责任，真正做到表率示范作用。

15. 政治课对学生树立正确观念的作用

中共中央、国务院《关于深化教育改革，全面推进素质教育的决定》中指出，"实施素质教育，必须把德育、智育、体育、美育有机地统一在教育活动的各个环节中"，"寓德育于各学科教学之中"。《决定》对素质教育的德育方面提出了十分明确的要求：要加强辩证唯物主义和历史唯物主义教育，使学生树立科学的世界观和人生观。

思想政治课中的思想教育

在高中阶段，开设经济常识、哲学常识和政治常识，有助于学生深入认识社会主义本质和根本任务，坚定社会主义信念，立志为社会主义作贡献；有助于学生深刻认识国家制度、民主制度、党政制度等问题，增强民主意识，自觉维护国家利益，加强民族团结，提高参与政治生活的能力。特别是高中阶段开设的时政教育课，更能使学生了解国内外大事，提高思想觉悟。

生活在市场经济中的当代高中生，其经济意识明显增强，越来越多的青少年注重"讲实惠"。讲实惠是一个很难一言以蔽之的问题。古人云：玩物丧志。意思是说，过分追求物质享受就会丧志气和志向。可见，这种讲实惠的思想一旦急剧泛滥起来将是多么可怕，它不仅会毁掉一批人，还会毁掉社会主义事业。通过经济常识的学习可以帮助高中生树立正确的苦乐观和消费观，有助于学生克服拜金主义、享乐主义，认识人生的真正目的。所以必须加强思想政治课中的经济学部分。

思想政治课中的人格教育

培养和造就中学生健全而高尚的人格，是教育的根本目标，在高中的各学科中，政治课在学生人格的培养和塑造方面担当着重要而特殊的任务，具有其他学科所不能替代的功能。在应试教育向素质教育的转化过程中，政治课教学更应重视人格教育。高中生正处在少年进入成年的路口，他们对于人生的意义、存在的价值和理想还很模糊，很容易误入歧途。通过哲学常识的学习，可以帮助高中生形成正确的价值取向，树立正确的生死观，让他们了解一个人的成长不经过艰难困苦的磨练，就不可能获得完整的人生。通过高中思想政治课哲学常识部分的学习有助于学生克服厌世主义人生观、禁欲主义人生观等等。更可以帮助学生形成科学的世界观，从而知道学生形成正确的人生观。

思想政治课教学中的国家主权观念教育

国家主权是指一国所固有的和处理其国内事物和国际事物不受他国干预或限制的最高权利。在当今国际社会，围绕国家主权问题而展开的矛盾和斗争不断发生，国家主权问题已显得越来越重要。而我们的高中学生，主权观念则相对淡薄。我们要充分利用高三思想政治课教材已有的内容，紧密结合澳、港回归、南联盟问题等时政热点，加强对学生的国家观念教育，这已成为对学生进行爱国主义教育的重要课题。

高中生中有很多一部分即将年满18周岁，我国宪法规定他们已经具有多项权利。通过政治常识的学习可以帮助他们树立正确的荣辱观和价值取向，可以帮助他们更好的实施自己应有的权利，完善我国的法制、民主！同时它还有助于学生克服集权主义、个人主义

人生观，克服纯自由主义、树立共产主义人生观，成为一个爱国、明礼、诚信的人。成为社会主义事业强而有力的接班人。

思想政治课教学中的科学人生观教育

高中时期哲学常识教学，有助于学生正确对待现实世界、社会实践，积极加入实践。克服虚无主义，享乐主义，树立乐观主义人生观，初步建立辨证唯物主义世界观。

同时思想政治课是宣传党的路线、方针、政策的重要阵地。科学理论、正确的思想如果不去占领，各种伪科学、反动的迷信邪说就会乘虚而入，因此，必须加强思想政治课教学的功能，大力宣传科学知识，清除一切伪科学以防止毒害广大青少年的身心健康。

思想政治课教学作用的途径

社会发展到高科技的时代，人的生活、工作、学习、事业仍然受到世界观、人生观的支配。不管你相信不相信，承认不承认，一个人不是树立科学的世界观、人生观，就是树立资产阶级或封建落后的世界观、人生观，这是无法回避的现实，我们必须正视这一现实。高中阶段是一个人发育成长的重要阶段，是世界观和人生观形成的重要时期，高中生树立正确人生观的途径有很多种，其中高中政治课教学有不可替代的作用，高中政治课教学可以从以下几个方面发挥作用：

（1）强化思想道德教育

教育家夸美纽斯提出："德育先于智育"。英国教育家洛克也说："我认为一个人的各种品性中，德行是第一位的，是最不可缺少的"。这也说明德育教育无论如何都应放到学校工作的首位，不要只抓升学率而把德育虚化或程序化。而且，应避免说教与学生实际脱节。德育应自然而然融于学校的其他教育之中。在学校教育中，对学生实施思想道德教育的途径是多方面的，包括思想政治课、班主任工作、党团或少先队活动以及其他课程中的德育渗透等等，其中思想

政治课以课堂教学为基本形式，是学校进行思想道德教育的主渠道，也是对学生进行系统的思想道德教育的最主要途径。思想政治课的德育功能，主要是通过课程教学得以实现的。

（2）帮助学生自觉树立正确人生观

人们在生活中自发形成的人生观，往往是不系统、不明确、不稳定的。只有在一定的哲学世界观基础上形成的人生观，才是系统的、明确的、稳定的，即自觉的人生观。人生观与世界观是密切联系的。世界观是人生观的理论基础，他给人生观提供一般观点和方法的指导；人生观是世界观的一个方面，是世界观在人生问题上的贯彻和应用。一般说来，有什么样的世界观就有什么样的人生观，而一定的人生观总是这样那样地表现着一定的世界观。

树立了科学的世界观才能有正确的人生观和价值观。一个人的一生，在历史长河中只是短暂的一瞬．有人感叹生命的短暂和个人的渺小，认为，人生在世就应及时享乐。这种人不明白，没有别人的奋斗，怎么会有他人的享乐更不明白对人类对社会一无所予的人更渺小、生命更短暂。只有把自己有限的生命投入到社会进步的事业中，为这一事业去奋斗、去奉献，他的生命才会在自己的那份贡献中获得延续，他个人的存在才能与社会和历史融会为一个伟大的集体。新时期的青少年只有树立正确的世界观才能树立正确的人生观，才能为社会主义事业作出更大贡献。

（3）加强对学生世界观和人生观的引导

在平时教师要引导学生经常关注社会和人生的热点问题，并从世界观和人生观的角度去分析这些问题。如当青年报刊开展"关于人的本质是否自私问题"讨论时，教师就应该引导学生积极参加，在分析活动中加以指导。这种通过时间活动而获得的人生观、世界观方面的认识，往往对他们的健康成长会产生更大的积极作用。

（4）掌握学生世界观、人生观形成的规律

对学生进行科学的人生观教育，一定要结合学生的年龄特点、生活经验和实际思想情况。高中学生各方面正逐步趋向相对稳定和成熟的时期，思想品质具有从"经验型"、"情感型"向"理论型"、"理智型"过渡的特点，自我意识和对立意识显著发展，加之生活经验的积累，对自然和社会已进入探索阶段。因此，可以对他们进行初步的马克思主义科学世界观的基本理论和基本知识教育，使他们正确认识人的本质和人生价值，初步掌握科学的方法论，树立正确的人生观。

（5）对学生进行世界观、人生观的正面教育。

高中学生正处在世界观、人生观形成的雏形期。随着高中学生生理、心理发育的日趋成熟，随着他们知识、经验的积累和成人意识的日趋强烈，随着他们的社会意识和参与意识的迅速增强，高中学生读世界观、人生观问题的认识水平也在逐渐提高。对高中生进行世界观、人生观教育是有心理和思想基础的，教师应加强对他们进行基本的人生观、世界观的理论教育。

针对学生实际，教师还要引导他们树立远大的人生理想，树立正确的人生态度，并正确对待人生道路上必然遇到和必须解决的人生课题。使他们初步掌握判断人生观、世界观方面是非美丑的标准，并以此去衡量各种客观事物，指导自己的行动。

（6）理想教育同世界观、人生观教育相结合

对高中学生进行世界观和人生观教育，不应脱离我国处于社会主义初级阶段的实际，提出一些高不可攀、可望不可及的要求，要从新世纪实现中华民族伟大复兴的目标出发，以我国广大人民群众实现社会主义现代化的共同理想为基本要求，引导学生正确认识人生的目的、意义，正确认识个人与社会、索取与奉献、享福与创造、环境与毅力、机遇与奋斗、学习与早恋等关系问题，人生观对青年

学生的影响如一切为自己的极端个人主义人生观，吃喝玩乐的享乐主义人生观，悲观主义、虚无主义人生观等。

(7) 发挥社会实践的作用

学校教育不应只是短时教育，教育工作者更应该关注学生的终身发展，应加强学生学习与社会现实之间的联系。让学生动态地观察、体验社会生活，为将来适应社会、参与社会、解决社会问题奠定基础。这就要"促进学生社会性的发展"。教材处理上也要打破本本主义，而应关注时世、关注生活，所谓"家事、国事、天下事，事事关心"。

(8) 正面人生观榜样示范

艰苦奋斗、勤俭节约是中华民族的美德，是我们党的传家宝。老一辈无产阶级革命家、千千万万的革命烈士，事事艰苦奋斗的光辉典范。朱德的扁担、毛泽东的补丁衬衣，周恩来穿了十多年的中山装，这其间都有一段感人至深的故事。通过典型事例给学生树立良好的世界观、人生观榜样。

高中思想政治课教学对人生观形成有重要作用，必须加强它的地位，使其更好的发挥对人生观形成的作用。

16. 用德育教育培养学生树立正确观念

素质教育注重人的根本质量的提高，要保证人的质量，不仅仅要使学生学好书本知识、社会知识、自然知识，更重要的是教育学生如何做人，做什么样的人，这对于建设有中国特色的社会主义，对于建设社会主义精神文明具有十分重要的意义。因此，德育在素质教育中占有主导地位。

正确处理好德育同智育的关系

正确地引导学生树立人生观、价值观，进行思想道德教育，必须处理好德育同智育的关系。学校是培养人、教育人的场所，在学校里传授文化课的同时，还要帮助学生树立正确的人生观、世界观，我们必须改变以往的片面追求升学率只重视智育、轻视德育的旧思想、旧传统。让学生从分数的奴隶中解放出来，真正变成学习的主人，使他们认识到学习知识的目的，是为了祖国建设，是为了国家的繁荣昌盛。这就要求我们教育工作者必须对学生进行爱国主义教育，结合教学内容有意识、有目的地通过各种途径向学生进行爱祖国、爱人民、爱党、爱社会主义的思想教育。

改革开放打开了中国闭关锁国的局面，给社会经济注入了活力，但是各种腐朽思想乘机而入，社会环境对青少年心理健康构成极大的威胁。要注意根据学生的年龄特点、心理特性开展活动。我们在要求学生遵循道德原则的同时，要注意区分学生的心理问题。不要什么问题都拉到"道德"的高度去处理。有些学生内向，敌对，是否和他从小的经历有关？有的学生成绩不好，老算错数，老写错字，是否有认知障碍？有的同学偷东西，不能自控，是否有心理障碍？心理问题要遵循心理规律去解决。要通过个别谈话，疏导，暗示，训练等方法，帮助学生排除心理障碍，培养健康的心理。如果不正确地引导极易走上犯罪的道路。所以说我们必须从基础教育抓起，培养学生辨别是非、好坏、美丑的能力，使他们自觉地抵御各种不正确思想的侵蚀。

把明理和导行结合起来

青少年正处于长身体、增知识的关键时期，由于年龄和生理条件的差异，心理发育还不健全、不稳定，意志力、自制力较差，他们的人生观、道德观很不稳定，针对这些特点，教师要认真研究，总结出一套教育方法。无论搞什么活动，都要让学生明白其中的道

理。如教育学生要有"孝心"，先要通过动员报告，或演讲、故事会、主题会等，让他们明白为什么要讲"孝"道，应该怎么做，让他们行动起来。事后要通过家长、社会反馈，让他们自己总结、体会。"明理"这一环很重要。不能满足于表面上的热闹。明白事理，使学生能积极投入活动；投入活动，又可以使学生更深刻地明白事理，从而提高学生的思想道德素质。

通过导行、实践，学生对设定的目标将会领会得更深刻。要从小事抓起，从一点一滴抓起，"千里之行，始于足下"，要从小培养学生良好的文明习惯，不急躁冒进，使良好的行为习惯在学生身上扎下牢固的根基，培养他们独立思考问题的能力，加强自身的约束能力。为培养共产主义人生观、价值观打下良好的基础。

把实际和课堂教学结合

正确地引导学生树立人生观、价值观，必须把学生实际和课堂教学紧密地结合起来。通过各科课堂教学，把思想道德教育和知识的传授有机结合起来，在教学过程中进行德育渗透。在教学过程中，采取灵活多样的教学方法潜移默化地对学生进行德育教育，比如研究性学习，合作性学习等。

在数学教学中，有很多规律和定律如果光靠老师口头传授是起不到很大的作用的，这时候就引导学生进行讨论、共同思考、总结。这样不但可以培养学生的思维能力、口头表达能力，还可以培养他们团结合作的精神。教学方法来说，采取小组合作学习法，这种学习法共享一个观念：学生们一起学习，既要为别人的学习负责，又要为自己的学习负责，学生在既有利于自己又有利于他人前提下进行学习。在这种情景中，学生会意识到个人目标与小组目标之间是相互依赖的关系，只有在小组其他成员都成功的前提下，自己才能取得成功。还可以从小让他们养成严肃看待他人学习成绩的好习惯。

通过教师生动活泼的语言，或者是通俗易懂的方法，给学生讲

解社会现象、国家大事，回答学生提出的普遍关心的问题，恰当地运用表情、语言的变化，把正确的思想观点传授给学生，使学生在不知不觉中受到陶冶和教育，达到潜移默化的效果。

创造真、善、美的道德氛围

引导学生树立正确的人生观、价值观、世界观，还必须给学生创造一种追求真、善、美的道德氛围。培养学生的良好素质，是学校各部门的共同职责。思想道德素质不能仅靠德育部门去培养，科学文化素质也不能仅靠教育部门去培养。不要把德育处的工作和教导处的工作对立起来。

让学生学会做人，做一个有优良综合素质的人，是共同目标。不要抱怨德育占去了学习时间，德育工作只会使学生学习得更有成效。也不要抱怨教学部门把时间抓得紧紧的，文化课的学习毕竟是学校日常的主要工作，德育部门要主动争取学校所有部门的密切配合，才能使我们的工作取得更大成效。利用有纪念意义的节日，如"七一"、"八一"、"十一"等进行爱国主义教育，或者是利用假日带领学生参观、游览，组织纪念英雄人物、先辈、先烈的活动，还可以组织学生看一些优秀影片，学习雷锋、焦玉禄、孔繁森、徐虎这样的先进典型，教育、激励、鼓舞学生要立正确的世界观，使他们从实际中感受到今天幸福生活的来之不易。

17. 教师在德育教育中的主导作用

加强青少年思想道德教育，是关系国家命运的大事，引导青少年树立正确的人生观、价值观、世界观的任务就历史地落到了教育工作者的身上，所以作为教师必须站在历史的高度，对学生进行思想道德建设，做到"教书育人，为人师表"进一步提高自身的思想道德素质，加强自身的学习，提高自身的素养。

著名教育家斯霞曾说过："要使学生的品德高尚，教师首先应该是一个品德高尚的人"。各种德育活动都是由老师有目的、有步骤地提出来的，教师无疑在德育中起主导作用。可见，教师的形象在学生教育中起着很重要的作用。所以，教师一定要增强自己的责任感和使命感，和社会、家庭紧密结合，齐抓共管，引导学生树立共产主义的人生观、价值观，使青少年能够沿着正确的方向健康成长。

18. 问题教学法对价值观教育的作用

问题式教学法是以问题为主线，以思维训练为目标，通过在师生间形成和谐的互动，提高课堂教学效果的一种教学方法。它起源于20世纪50年代，是目前国际上比较流行的一种教学方式。

问题式教学法的实施步骤是：由教师设置问题情景、提出问题，学生思考分析问题，解决问题—教师归纳总结、评价。它是一种在教师引导下，学生独立思考、积极主动地探求问题的答案的学习方式。问题式教学法具有探究性、自主性和研究性等特点。

有助于价值观的判断和选择

在现实生活中，人们都是根据自己的价值标准选择人生的目标，进而去实现自己的人生价值的。学生正处于世界观、人生观、价值观形成的重要阶段，可塑性强，容易受周围环境的影响，从而产生偏激、迷茫、困惑等心理，尤其是面对开放的社会环境，价值观念的多元化影响和困扰着学生对人生价值的判断和选择，使他们容易把主观的想象当做对自身条件的认知，夸大或者低估自身的能力，给人生价值的选择带来一定的障碍。问题式教学法围绕着价值观教育设置情景和问题，使受教育者面临着更多的价值选择机会，教育者利用这些机会指导他们调整自身的行为以适应不断变化着的世界，使他们能够在影响世界变化的方式中扮演一个理智的角色，引导教育他们运用分析和评价的手段，选择正确的价值观。

提供了独立思考价值观的机会

"学起于思，思起于疑"。古人早已认识到问题对学习的价值，指出质疑是学习的源头。现代教学继承和发扬了这一传统，提倡问题式教学等多种教学方法，这是教学改革的需要，也是培养创新人才的需要。创新型人才的根本特征就是具有问题意识，善于发现问题并去解决问题。在价值观教育中运用问题式教学法，使学生置身于每一个问题的情景中，把上课当成研究，把问题当作学问，一方面可以培养学生独立思考的习惯，激发学生的学习兴趣和创新意识，另一方面，可以通过对问题的分析、探讨，增强学生对价值观基本理论的理解，使他们认真思考自己的人生价值问题。

增强教育对象的价值观教育感受

感受性是运用问题式教学法应遵循的一个重要原则。在心理学上，学生的学习过程本身就是一个将外部刺激内化为主体感受的心理体验过程。人类对客观世界的认识，经历了从感性到理性的过程。因此，接受性的学习，可以说是以理性的认识为特色的学习。然而，这种理性的认识，由于缺乏感受，容易走上"理论脱离实际"之路。所以，在价值观教育中，教师应创设一定的教学情景，为学生提供一种既能够反映所要学的知识，又与学生现有知识经验相关联的问题，启发学生思考、质疑，并提出问题，在解决实际问题的过程中得到感性的认识，深刻地理解相应的概念、原理，建立良好的知识结构，形成属于自己的、可以迁移的问题解决策略。

提升对价值观学习的理性认识

开展问题式教学在一定程度上改变了学生的学习方式，让学生带着问题去学习，在一定的情景中思考现实问题，思考自己的人生

问题。问题式教学具有互动性，在探讨问题的过程中，能够培养学生发现问题的意识。

问题教学法在价值观教育中的运用

（1）引导学生发现和提出问题

在价值观教育中，我们要把握创新性、主导性和针对性的原则，以社会主义核心价值体系为价值判断标准，围绕着社会主义的共同理想、爱国主义、集体主义、荣辱观等内容设计问题，有意识地引导学生去思考和探寻这一问题的重要性，引起学生的兴趣，使其产生强烈的学习欲望。

对于价值观教育的内容，教师的教学思路要清晰，问题的设计要有现实意义，要符合大学生的实际，要有内在启发性，要有针对性、实用性和实效性，问题的情景设计要贴近学生的生活，所用事例应尽可能选择发生在学生身边的人和事，并以近期发生的事例为主，这样才有说服力，才能够引起学生的情感共鸣，使他们产生兴趣并激发互动，实现学生在价值观学习中渴望达到的知识目标。

（2）激励学生分析和探讨问题

加强对学生能力的培养，是高校深化改革、提高教育质量的中心环节，也是学生价值观教育的重要环节。问题教学法的运用，就是为了引导学生主动学习，提高学生学习的自觉性，激励学生去质疑、去思考，培养其创新思维，提高他们的创新能力以及分析与解决问题的能力。

分析问题是问题教学法在价值观教育中运用的重要环节。在设置的价值观问题的情景中，我们经过提出假设、验证假设、判断假设的过程，对价值观的知识原理进行意义建构，引导学生进行讨论和分析。

价值观教育在重视认知层面提高的同时，我们也应重视情感层面的认同。分析问题过程中应注重体现学生的主体地位，学生的主

动参与能够使课堂变得活跃，也能够满足学生心理和情感的需要。情感体验是人们对事物爱憎好恶的主观态度。在价值观上，表现为对祖国、对人民、对集体、对学校、对师生的爱及对真、善、美的追求。学生积极情感的获得，不是单纯的社会人生价值标准向个体价值观念的转化，而是一个复杂的过程，学校教育和社会现实之间存在着一定的反差，由此产生了理想和现实的矛盾。当学生通过对价值观问题的分析、研讨，将个体置身于社会生活的情景中，并做出价值判断时，就会获得内心的体验，逐步掌握人生价值观念的准则。在对价值观问题的学习和讨论中，大部分学生是从自己的情感需要和感受来谈自己的认识的。每一个问题情景的设置，都能让学生感受到生活的气息，从而促进情感的升华，让大学生对知识的形成与发展有一个直观的体验。同时，也让学生有了情感方面的体验。

（3）帮助学生解决实际问题

问题教学法最终是要解决问题的。开展价值观教育就是要帮助学生树立正确的价值观。学生是思想最活跃、最容易接受新观念的群体。随着他们主体意识的觉醒，他们开始面临如何处理个体与社会的关系、个体价值与社会价值的关系等问题，使其在社会价值与个人价值、精神价值与物质价值、重"义"与重"利"之间摇摆不定。这其中既有积极进取、开拓创新、以追求真善美为崇高境界的价值观，同时又有消极认命、及时享乐、以义务与满足为目的的价值观。

如何引导他们形成与社会主流价值取向相吻合的价值观，就显得尤为重要了。为了使学生能够真正理解和认识价值观，并树立正确的价值观，我们将问题进行了分解，发挥学生自主学习的能力，安排他们自己创设一些情景，阐明自己的思想和观点。

在认识奉献与索取的关系、个人与社会、集体的关系问题上，让学生以小品、故事、多媒体等形式自己设计了一些情景，在这些

情景体验中，学生懂得了脱离集体和社会的人是无法存在和发展的，个人的价值是通过社会价值来体现的，个人只有对社会做出贡献，才能得到社会和他人的尊重，人生才有意义和价值。

（4）在肯定和鼓励中进行总结

总结是对问题式教学的回顾，也是使学生深入理解和掌握知识的必要环节。学生对价值观的认识过程是很复杂的，它反映的是学生现有的知识结构和思维方式，也反映着他们的个人情感和立场，学生对问题的认识难免具有片面性，甚至出现错误。教师总结时应肯定那些积极的、正确的思想和观点，纠正消极的、不合理的思想和观点，鼓励那些积极参与活动、敢于发表自己观点的学生，并给学生讲解有关正确的价值观的知识和理论，让学生在教师的点评中加深对价值观问题的理解。

第二章

学生观念素质教育与升级的故事推荐

1. 一封感谢信

一个年轻人寄了许多份履历表到一些广告公司应聘。其中有一家公司写了一封信给他："虽然你自认为文采很好，但是从你的来信中，我们发现你在文法上有许多错误，甚至有一些错别字。"他非常生气，但转念又一想："对方可能说得对，或许自己在文法及用词上犯了错误，却一直不知道。"

于是他写了一封感谢信给这个公司。几天后，他再次收到这家公司的信函，通知他被录用了。

2. 探险恐怖角

迈克·英泰尔 *37* 岁那年做了一个疯狂的决定：放弃他薪水优厚的记者工作，把身上仅有的三块多美元捐给街角的流浪汉，只带了干净的内衣裤，决定由阳光明媚的加利福尼亚州，靠搭便车与陌生人的好心，横越美国。

他的目的地是美国东岸北卡罗莱纳州的"恐怖角"（CapFear）。

这是他精神快崩溃时做的一个仓促决定。某个午后他"忽然"哭了，因为他问了自己一个问题：如果有人通知我今天死期到了，我会后悔吗？答案竟是那么的肯定。虽然他有好工作、美丽的同居女友、亲友，他发现自己这辈子从来没有下过什么赌注，平顺的人生从没有高峰或谷底。

他为自己懦弱的上半生而哭。

一念之间，他选择北卡罗莱纳的恐怖角作为最终目的，借以象征他征服生命中所有恐惧的决心。

他检讨自己，很诚实地为他的"恐惧"开出一张清单：打从小

时候他就怕保姆、怕邮差、怕鸟、怕猫、怕蛇、怕蝙蝠、怕黑暗、怕大海、怕飞、怕城市、怕荒野、怕热闹又怕孤独、怕失败又怕成功、怕精神崩溃……他无所不怕，却似乎"英勇"地当了记者。

这个懦弱的 37 岁男人上路前竟还接到奶奶的纸条："你一定会在路上被人杀掉。"但他成功了，4000 多里路，78 顿餐，仰赖 82 个陌生人的好心。

没有接受过任何金钱的馈赠，在雷雨交加中睡在潮湿的睡袋里，也有几个像公路分尸案杀手或抢匪的家伙使他心惊胆战，在游民之家靠打工换取住宿，住过几个破碎家庭，碰到不少患有精神疾病的好心人，他终于来到恐怖角，接到女友寄给他的提款卡（他看见那个包裹时恨不得跳上柜台拥抱邮局职员）。他不是为了证明金钱无用，只是用这种正常人会觉得"无聊"的艰辛旅程来使自己面对所有恐惧。

恐怖角到了，但恐怖角并不恐怖。原来"恐怖角"这个名称，是由一位 16 世纪的探险家取的，本来叫"CapeFaire"（仙女角），被讹写为"CapeFear"（恐怖角），只是一个失误。

3. 一辈子只做一碗汤

我家门前有两家卖老豆腐的小店。一家叫"潘记"，另一家叫"张记"。两家店是同时开张的。刚开始，"潘记"生意十分兴隆，吃老豆腐的人得排队等候，来得晚就吃不上了。潘记的特点是：豆腐做得很结实，口感好，给的量特别大。相比之下，张记老豆腐就不一样了。首先是豆腐做得软，软得像汤汁，不成形状；其次是给的豆腐少，加的汤多，一碗老豆腐多半碗汤。因此，有一段时间，张记的门前冷冷清清。

有一天早上，因为我起床晚了，只好来到张记的豆腐店。吃完了一碗老豆腐，老板走过来，笑着问我豆腐怎么样。我实话实说："味道还行，就是豆腐有点软。"老板笑了笑，竟然有几分满意的样子。我说："你怎么不学学潘记呢？"老板看着我说："学他什么呀？"我说："把豆腐做得结实一点呀。"老板反问我："我为什么要学他呢？"沉思了一下，老板自我解释说："我知道了，你是说，来我这边吃豆腐的人少，是吗？"我点点头。老板建议我两个月以后再来，看看是不是会有变化。

大概一个多月以后，张记的门前居然真的也排起了长队。我好奇，也排队买了一碗，看看碗里的豆腐，仍然是稀稀的汤汁，和以前没什么两样，吃起来，仍是以前的口感。

老板脸上仍然挂着憨厚的笑。我笑着问他："能告诉我这其中的秘诀吗？"老板说："其实，我和潘记的老板是师兄弟。"我有些惊讶："可你们做的豆腐不一样呀。"老板说："是不一样。我师兄——潘记做的豆腐确实好，我真比不上，但我的豆腐汤是用肉、骨头，配上调料，经过几个小时熬制而成，师兄在这方面就不如我了。"

见我还有些不解，老板继续解释："这是我师傅特意传授给我们的。师傅说，生意要想长远，就要有自己的特长。师傅还告诉我们，'吃'的生意最难做，因为众口难调，人的口味是不断变化的，即使是山珍海味，经常吃也会烦，因此师傅传给我们不同的手艺。这样，人们吃腻了我师兄的豆腐，就会到我这里来喝汤。时间长了，人们还会回到我师兄那里。再过一段时间，人们又会来我这里。这样我们师兄弟的生意就能比较长远地做下去，并且互不影响。"

我试探地问："你难道就不想跟师兄学做豆腐么？"老板却说："师傅告诉我们，能做精一件事就不容易了。有时候，你想样样精，结果样样差。"

4. 只赚一分钱

前不久，绍兴市政府在诸暨召开的"发展民营经济经验交流会"上，道出了当地特殊的经济发展模式——三块五毛钱一双的高档精纺袜，只赚一分钱就卖！只赚一分钱，这令不少与会的见多识广的专家吃惊不小，很多企业主更是不敢相信。

然而，就是这毫不起眼的一分钱利润，培育出了数不清的百万富翁。他们给与会者算了一笔账：一双袜子赚一分钱，一个普通摊位每个月要是销出 70 万到 80 万双袜子，也就有 7000 元到 8000 元的利润，一年下来就有将近 10 万元。

如今，在诸暨大唐镇，大唐袜业市场拥有 1600 间摊位。去年，这里销出了超过 70 亿双袜子。同样在绍兴市，唯一拥有中国驰名商标的浙江某集团，除了在全国各地的大商场内和商业街上开柜台和专卖店外，还做着一项鲜为人知的生意：在超市里卖三四十元一条的西裤。

面对疑问，该集团董事长解释："尽管超市西裤价格比较低，利润不大，但是 3 个月就结一次款，资金可以马上回笼，没有积压的风险。你不要看不起那一点点的利润，积少成多，去年我们在上海几个大超市，一年就做了 1000 多万元的生意。何乐而不为呢？"

这里还有一个类似的例子，说的是深圳一个半文盲的妇女，起初她给人家当保姆，后来在拥挤的街头摆小摊卖胶卷。她认死理，一个胶卷永远只赚一毛钱。市场上的柯达胶卷卖 22 元时，她只卖 15.1 元，不想，后来批发量却大得惊人，生意也越做越大。

现在，在深圳，她的摄影器材店，可以说搞摄影的无人不晓。

5. 老天爱笨小孩

上学时考试常常不及格的小张成了私立学校的校长,一向性格内向沉默寡言的大刘当上了外企销售主管,在厂里干什么都不行的二楞下岗后做代理商发了财……

"他这样的人怎么会发财了呢?"于是,常常能听到这样的诧异。这固然有心理不平衡的因素,也确实反映了许多人对于成功的困惑:为什么有些素质很差的人能获得让人大跌眼镜的成功,而那些聪明勤奋的人却常常只能是个优秀的小职员?

著名的组织行为学者,美国密执安大学教授卡尔·韦克转述了一个绝妙的实验:把六只蜜蜂和六只苍蝇装进一个玻璃瓶中,然后将瓶子平放,让瓶底朝着窗户,会发生什么情况?

你会看到,蜜蜂不停地想在瓶底上找到出口,一直到它们力竭倒毙或饿死;而苍蝇则会在不到两分钟之内,穿过另一端的瓶颈逃逸一空——事实上,正是它们的智力的差异,才导致聪明的蜜蜂灭亡了。

蜜蜂以为,囚室的出口必然在光线最明亮的地方,它们不停地重复着这种合乎逻辑的行动。对蜜蜂来说,玻璃是一种超自然的神秘之物,它们在自然界中从没遇到过这种突然不可穿透的大气层,而它们的智力越高,这种奇怪的障碍就越显得无法接受和不可理解。

那些愚蠢的苍蝇则对事物的逻辑毫不留意,全然不顾亮光的吸引,四下乱飞,结果误打误撞地碰上了好运气。这些头脑简单者总是在智者消亡的地方顺利得救。因此,苍蝇最终得以发现那个正中下怀的出口,并因此获得自由和新生。

韦克总结到:"这件事说明,实验、坚持不懈、试错、冒险、即兴发挥、最佳途径、迂回前进、混乱、刻板和随机应变,所有这些

都有助于应付变化。"

6. 茶杯上的专业

那天我带客人去见老板，办公室的秘书出去办事了，我只好给客人倒水，将客人的水杯放到桌子上时，我看到老板的水杯也该续水了，于是我轻轻地拿过水杯。续上水后也放回桌子上。

送走客人，老板把我叫到办公室。

"你是为谁服务的？"老板突然问我。

我看了看老板，见他一本正经，便满腹狐疑说："为你……"

"对，现在你是为我服务，为我服务，你就必须了解我的习惯，必须思考怎样做才能让我更舒服、更满意。我平时是用左手喝茶还是右手？"

"右手！"我肯定地回答。

"那你为什么把茶杯放在了左面？我喝茶时要从椅子上站起身才能拿到杯子，不注意还会把茶洒在文件上……"

老板端起水杯，走出去，片刻回来，把空杯子递给了我。

老板是让我再给他倒一杯茶。

打开茶几下面的抽屉，里面有花茶、绿茶、红茶，光绿茶就有好几种。我不知道老板喜欢喝哪种茶。

我问老板，老板说："你跟我在一起不是一天两天了，平时你就应该注意观察。"

平时我怎么没有注意到呢？除了要解决喜欢喝什么茶的问题，还有一个放多少茶叶的问题。少了太淡，多了太浓。

我双手小心翼翼地把茶杯放在老板的右前方的桌子上，满怀信心地看着老板，以为这次算是完美了。"你应该把茶杯手把靠着我，这样我正好抓着，不用再转茶杯……"老板还是指出了我的不足，

"茶不能倒得太满,太满了茶的温度不能很快降下来,客人不能马上喝,这就失去了给客人倒茶的意义。无意义的服务,既浪费了茶叶,又付出了劳动,客人却没有得到丝毫的好处。"

这是第一次听到印象深刻的关于"倒茶"哲学。还有一次,是老板在公司中层干部会上讲的话。那是一个炎热的夏天,会议研究解决生产上的一个问题,大家提出了很多客观理由,言外之意解决问题困难很大,一老板听了有些生气:"大家都感到现在很热,很热这是老天的事情,我们管不着,也没有办法管。但是我们难道就这样让它热下去吗?不是,我们可以通过自己的努力,去挣钱,挣了钱买空调,我们就可以不受这份热,这是我们能够改变的事情。人,生来就是解决问题的,如果没有问题,我们今天在这里工作还有什么意义。"

快10年过去了,老板的这两次讲话,我却永远忘记不了。现在我也成了老板,对那些有发展前途的员工,我总是让他们先学会给客人倒水,打扫卫生。我知道,在这个世界上,哪怕明白最简单的事情,都需要认真思考才能够做好。

7. 生活之本

多年前,美国纽约的"红心慈善协会"准备为一家孤儿院盖一所大房子。在破土动工时,意外地挖到了一座坟墓。于是在报纸上刊登出启事,请死者家属速来商量移坟事宜,届时将得到补偿款五万美金。

三十二岁的爱德华看了消息不由怦然心动,他的家就曾在那片土地上。父亲也确实死去了,但却不是葬在那里。就差了一点点,爱德华忍不住地想,要是父亲当初葬在这块地上就好了,他就可以轻而易举地获得五万美金。五万元,这在当时真是一个惊人的数字了。

可那不是自己的父亲，但爱德华还是抑制不住五万元的诱惑。他还想，这座坟墓既然没有人认领，自己可不可以冒充一回孝子，做一回儿子？爱德华为自己的想法所激动。不过启事上说得很明白：要去认领，得拿出相关的证明。

爱德华绞尽脑汁，终于想出了可以证明那是父亲坟墓的办法。他还到旧货市场，买了一张三十年前的旧发票，再到"丧事物品店"花了六美元，让人在旧发票上盖了一个章，证明他三十年前曾为父亲在这里买过葬品。爱德华做得天衣无缝，喜出望外地跑去认爹了。

那家慈善机构的一位小姐热情地接待了爱德华。爱德华装出一副悲痛的模样，甚至掉下眼泪，痛哭不止，接待小姐却笑了，说："你不必这样，老人家毕竟已经入土三十年了，活人不该再这样悲痛。"爱德华感到自己是有点过了，就不再装腔作势。

接下来的事，却让爱德华大吃一惊，小姐将他的姓名、住址记录在案，告诉他，他是第169位来认父亲的儿子。如果说得明白点，现在已经有169个儿子来认爹了，他们要一一审查，确认谁是其中的真儿子。

这对爱德华如当头一棒，怎么也没想到，会有这么多和他一样财迷心窍，想认爹的人。

当时美国国内，正值人心不古。全社会都在经受着一场信任与诚实的危机，人们对诚信的呼声日渐高涨。

事情被一家媒体报道，将这169位认爹的人姓名刊登在报纸上，告诉人们，人再贪财，爹是不能乱认的。这时对坟墓尸骨的鉴定也出来了，令人惊奇的是，这169位儿子都是假的。坟墓里的尸体已经有一百六十年了，死者的儿子不可能还健在。事情让人哗然。

这真是一个耻辱。

又是这家慈善机构宣布：如果大家确实想认爹，可以到老年收容所去，他们每人都将得到一个爹。看到如此的闹剧，美国上下深

受震动。各界人士纷纷站出来讲话，呼吁诚信，提倡道德，重整人心，号召人们一定要做一个诚实坦白的人，一定要用自己的劳动创造自己的未来。

在那次事件中，爱德华无地自容，非常惭愧。他将那份报纸珍藏起来，金子样地保存着，以警示自己，一定要做一个诚实可信的人。十年后，爱德华成为了全美通信器材界的巨头。当有人问他创业和成功的秘诀时，爱德华坚定而感慨地说："诚实，是诚实帮助了我，它使我懂得了如何做人，使我有了事业并学会了如何待人，大无畏的诚实给了我一切。"一个诚实可信的人，虽然会被人欺骗，常常吃亏，但最终会赢得信誉，受人爱戴，并获得成功。

8. "利"与"弊"

有一段时间，著名人际关系交往专家卡耐基曾经长期租用纽约一家饭店的大舞厅，用来举办一系列的讲座。

但是在某一季度开始的时候，他突然接到通知，饭店让他付出比以前高出三倍的租金。卡耐基当然不想付这笔增加的租金，可是他知道跟饭店的人争论是没有用处的。几天之后，他亲自去见饭店的经理。

"收到你的通知，我有点吃惊。"卡耐基说，"但我根本不怪你。如果我是你，我也可能发出一封类似的通知。身为饭店的经理，你当然有责任尽可能地使收入增加。现在，我们拿出一张纸来，把你因此可能得到的利弊列出来。"

接着，卡耐基取出一张纸，在中间划了一条线，一边写着"利"，另一边写着"弊"。

他在"利"这边的下面写下"舞厅空下来"几个字，然后说："你把舞厅租给别人开舞会是最划算的，因为像这类的活动，比租给我作讲课场所能增加不少收入。如果我把你的舞厅占用 20 个晚上来讲课，你的收入当然就要少一些。"

"但是，现在我们来考虑坏的方面。首先，如果你坚持增加租金，你不但不能从我这儿增加收入，反而会减少自己的收入。事实上，你将一点收入也没有，因为我无法支付你所要求的租金，我只好被迫到另外的地方去开这些课。"

"另外，你还有一个损失。这些课程吸引了不少受过教育，修养高的人到你的饭店来，这对你是一个很好的宣传，不是吗？事实上，如果你花费 5000 美元在报上登广告，也无法像我的这些课程能吸引这么多的人来你的饭店。这对一家饭店来讲，不是价值很大吗？"

卡耐基一面说，一面把这两项坏处写在"弊"的下面，然后把纸递给饭店的经理，说："我希望您好好考虑您可能得到的利弊，然后告诉我您最后的决定。"结果，第二天卡耐基收到一封信，通知他租金只涨 50%，而不是 300%。

9．聪明的男孩

有个聪明的男孩，有一天妈妈带他到杂货店去买东西。老板看到这个可爱的小孩，就打开一罐糖果，要小男孩自己拿一把。但是这个男孩却没有动。老板再叫了一次，男孩还是没动。老板走过来，抓了一大把糖果放进小孩的口袋中。

回到家中，母亲问小男孩："为什么自己不去抓糖果呢？"小男孩回答得很妙："因为我的手比较小呀！老板的手比较大，所以他拿的一定比我拿的多！"

10. 世界冠军与蚊子

在一场举世瞩目的赛事中，台球世界冠军已走到卫冕的门口。他只要把最后那个 8 号黑球打进球门，凯歌就奏响了。就在这时，不知从什么地方飞来一只蚊子。蚊子第一次落在握杆的手臂上。有些痒，冠军停下来。蚊子飞走了，这回竟飞落在了冠军锁着的眉头上。冠军不情愿地只好停下来，烦躁地去打那只蚊子。蚊子又轻捷地脱逃了。冠军做了一番深呼吸再次准备击球。

天啊！他发现那只蚊子又回来了，像个幽灵似的落在了 8 号黑球上。冠军怒不可遏，拿起球杆对着蚊子拍去。蚊子受到惊吓飞走了，可球杆触动了黑球，黑球当然也没有进洞。按照比赛规则，该轮到对手击球了。对手抓住机会死里逃生，一口气把自己该打的球全打进了。

卫冕失败，冠军恨死了那只蚊子。可惜的是他后来患了重病，再也没有机会走上赛场。临终时他还对那只蚊子耿耿于怀。

11. 遭遇水灾

一个人被湍急的河水卷走后，像一片草叶似的顺水而下。这时，那人多么想抓住一样东西，哪怕是一根芦苇、一把水草也好。然而四面都是水，他什么也抓不住，心想这一下算没救了，死就死吧！这个念头一出，身上立时没劲了，也没有力气挣扎了，整个身子也要往下沉。

正在这时，他忽然想起去年夏天来这条河边玩时，离下游不远处的河岸边有一棵老树，是斜着长的，其中有一根粗大的树枝正好贴近水面……一想到这，他心里顿时升起了希望。一有了希望，他心也不慌了，力气也出来了，于是就拼命向前挣扎，终于到了那棵老树前。

当他拼命拽住那伸向河中的树枝时，谁知那树枝早已枯死了，经他使劲一拽，"咔嚓"一声断了……这时，来救他的人也赶到了。事后他说，要是早知道那是一节枯枝，他根本坚持不到那儿。

12．把信带给加西亚

在美西战争期间，美国必须立即跟西班牙的反抗军首领加西亚将军取得联系，而加西亚正在古巴丛林的山里，没有人知道确切的地点，所以无法写信或打电话给他。美国总统必须尽快地获得他的合作。这时，有人说："有一个叫罗文的人，他有办法找到加西亚。"

当罗文从总统手中接过写给加西亚的信之后，并没有问："他在什么地方？怎么去找？"他经过千辛万苦，在几个星期后，把信交给了加西亚。

就是这么简单的一个故事，但是，它却流传到世界各地。《把信带给加西亚》的作者这样写道：

"像他这种人，我们应该为他塑造不朽的雕像，放在每一所大学里。年轻人所需要的不是学习书本上的知识，也不是聆听他人种种的指导，而是要加强一种敬业精神，对于上级的托付，立即采取行动，全心全意去完成任务——'把信带给加西亚'。

"凡是需要众多人手的企业经营者，有时候都会因为一般人的被动、无法或不愿专心去做一件事而大吃一惊，懒懒散散、漠不关心、马马虎虎的做事态度，似乎已经变成常态；除非苦口婆心、威逼利诱地叫属下帮忙，或者除非奇迹出现，上帝派一名助手给他，没有人能把事情办成。

"我钦佩的是那些不论老板是否在办公室都努力工作的人；我也

敬佩那些能够把信交给加西亚的人，静静地把信拿去，不会提出任何愚笨问题，也不会存心随手把信丢进水沟里，而是不顾一切地把信送到。这种人永远不会被'解雇'，也永远不必为了要求加薪而罢工，这种人不论要求任何事物都会获得。他在每个城市、乡镇、村庄，每个办公室、公司、商店、工厂，都会受到欢迎。世界上急需这种人才，这种能够把信带给加西亚的人。"

13. 为了哥哥

一位年轻的总裁，以比较快的车速，开着他的新车经过住宅区的巷道。他必须小心做游戏的孩子突然跑到路中央来，所以当他觉得小孩子快跑出来时，就要减慢车速。就在他的车经过一群小朋友的时候，一个小朋友丢了一块砖头打着了他的车门，他很生气地踩了刹车，并后退到砖头丢出来的地方。

他跳出车外，抓住那个小孩，把他顶在车门上说："你为什么这样做，你知道你刚刚做了什么吗？"接着又吼道："你知不知道你要赔多少钱来修理这台新车，你到底为什么要这样做？"小孩子哀求着说："先生，对不起，我不知道我还能怎么办？我丢砖块是因为没有人停下来。"小朋友一边说一边流泪，眼泪从脸颊落到车门上。他接着说："因为我哥哥从轮椅上掉下来，我没办法把他抬回去。"

那男孩啜泣着说："你可以帮我把他抬回去吗？他受伤了，而且他太重了，我抱不动。"

这些话让这位年轻的总裁深受感动，他抱起男孩受伤的哥哥，帮他坐回轮椅上。并拿出手帕擦拭他哥哥的伤口，以确定他哥哥没有什么大问题。

那个小男孩感激地说："谢谢你，先生，上帝保佑你。"然后男孩推着他哥哥离开了。

年轻的总裁慢慢地、慢慢地走回车上，他决定不修它了。他要让那个凹洞时时提醒自己：不要等周围的人丢砖块过来了，自己才注意到生命的脚步已走得过快。

14．甘蔗

有一个人，手托着一盘甘蔗，沿街叫卖，寻求买主。在村头，有一个人想吃甘蔗身上却没有钱。

卖甘蔗的人说："请先拿去吃吧，等你手上有钱时再来还账就行了。"

那个人却理都不理地跑开了。

别人问他为什么，他说："如果口吃甘蔗心里想着还钱，甘蔗在口中自然就不会感到甘甜了。"

15．一只鹦鹉

一个人去买鹦鹉，看到一只鹦鹉前标着：此鹦鹉会两门语言，售价二百元。另一只鹦鹉前则标着：此鹦鹉会四门语言，售价四百元。

该买哪只呢？两只都毛色光鲜，非常灵活可爱。这人转啊转，拿不定主意。结果突然发现一只老掉了牙的鹦鹉，毛色暗淡散乱，标价八百元。

这人赶紧将老板叫来，问："这只鹦鹉是不是会说八门语言？"

店主说："不是。"

这人奇怪地问："为什么又老又丑，又没有能力，会值这个数呢？"

店主回答："因为另外两只鹦鹉叫这只鹦鹉老板。"

16. 换一条路走

迈克在求学方面一直遭遇挫折，高中未毕业时，校长对她的母亲说："迈克或许并不适合读书，他的理解能力差得叫人无法接受，他甚至弄不懂两位数以上的计算。"他的母亲很伤心，决定自己教他。然而，无论迈克如何努力，他也记不住那些需要记忆的东西。迈克很伤心，他决定远走他乡……

许多年后，市政府为了纪念一位名人，决定公开征求设计名人雕像的雕塑师，众多雕塑大师纷纷献上自己的作品，最终一位远道而来的雕塑师被选中。开幕式上，他说："我想把这座雕塑献给我的母亲，因为，我读书时没有获得她期望中的成功，现在我要告诉她，大学里没有我的位置，但生活中总会有我的一个位置。"这个人就是迈克。人群中迈克的母亲喜极而泣，她知道迈克并不笨，当年只是没有把他放对位置而已。

17. 插向自己的刀

一家公司招聘职员，最后要从三位应聘人员中选出两个。

他们给出的题目是这样的：假如你们三个人一起去沙漠探险，在返回的路途中，车子抛锚了，你们还有很多的路要走，可是你们三个人只能从七样东西中选择四样随身带着。你会选什么？这七样东西分别是：镜子、刀、帐篷、水、火柴、绳子、指南针。而其中帐篷只能住两个人，水也只有一瓶矿泉水。

甲男说："害人之心不可有，防人之心不可无。这帐篷只够两个人睡，水只有一瓶，万一要争起来，女孩子我可以让着点，这男的，要是为了争夺生存机会想害我呢？所以，我把刀拿到手，也就等于

把所有主动权控制在了手中。"

乙女和丙男选的四样物品相同：水、帐篷、火柴、绳子。

乙女解释说："镜子在沙漠里没什么用，就不要了；指南针呢，只要有手表也就行了；刀不必要，在这茫茫的沙漠上，没有一点活物，更别说是对人具有攻击性的动物了；而水是必需品，虽然只够两个人喝，但可以省着点，相信也能够三个人一起坚持到最后；帐篷虽然只能容纳两个人睡，但是可以三个人轮换着来休息；火柴也是路上必不可少的；而绳子可以用来把三个人绑在一起，这样在风沙很大目不见物的时候，就不会失散了队伍，而且如果遇到沙崩，有同伴掉到沙堆底下，还可以用绳子把他拉回来。"丙男给出的解释与乙女相同。

最后，三位候选人中获聘的是乙女和丙男两位。

18. 旅游

在春天的一个美好日子里，许多人结伴到郊外去春游。这些人都兴高采烈，带上干粮、水壶便出发了。惟有一个有心人带了一把雨伞。

郊外的山上繁花似锦，莺声燕语，令游人们流连忘返。然而正当渐入佳境的时候，天空中却飞来了巨大的乌云，雷声隆隆地从远处滚来。眼看就要下雨了，那些没带雨伞的游客，被这突如其来的变故弄得惊慌失措，再也无心游览，一个个抱头鼠窜，跑下山去，寻找避雨的场所。

那位带了雨伞的人却不害怕，一把雨伞给了他充分的信心。他一边讥笑其他游客"人无远虑，必有近忧"，一边继续往春之纵深踱去，饱餐春之秀色。

不一会，雨便下起来了。他撑开了雨伞。不料这一场春雨下得十分猛烈，没等他回过神来，条条雨鞭便被风裹挟着，直扑他的怀里。巨大的旋风将他及雨伞旋成了一个陀螺，雨伞不但不能给他提供一点保护，反而成了他的累赘。眼看就要旋下山沟，迫不得已，他只有收起雨伞，跌跌撞撞往山下跑。待他赶到众人避雨的地方，他已经被浇成了一只落汤鸡。而那些并未带伞的游客，目睹他此时的狼狈相，一个个笑得前仰后合。

19. 明智的选择

1888 年，美国第 23 届总统竞选之日，候选人本杰明·哈里森（1833—1901 年）很平静地在等候最终的结果。他的兴趣似乎主要在印第安纳州。

印第安纳州的竞选结果宣布时已经是晚上 11 点钟了，哈里森在此之前早已上床睡觉了。第二天上午，一个夜里给他打过祝贺电话的朋友问他为什么睡这么早。

哈里森解释说："熬夜并不能改变结果。如果我当选，我知道我前面的路会很难走。所以不管怎么说，休息好不失为明智的选择。"

20. 馓子

西汉时，孙宝担任京兆尹。一天，一个卖油炸馓子的小贩，在城里被一个农民撞了一下，馓子掉在地上，全都碎了。农民认赔 50 个馓子的钱，可卖馓子的坚持说，总共有三百个。馓子全碎了，已不可能再数清真实数量。正当两人相持不下，围观的人都束手无策的时候，孙宝恰好路过，他听说这件事，就叫人去买来一个馓子，称好这个馓子的重量。同时他又叫人把地上的碎馓子全都集中起来，称出它们的总重量，这时，他根据摔碎的馓子的总重量，计算出被摔碎的馓子的个数，最后他叫农民按照计算出来的馓子的数目赔钱给小贩。孙宝对这件事的处理，令众人交口称赞，卖馓子的小贩和农民也口服心服。

21. 且慢下手

大多数的同仁都很兴奋，因为单位里调来一位新主管，据说是个能人，专门被派来整顿业务。可是日子一天天过去，新主管却毫无作为，每天彬彬有礼进办公室后，便躲在里面难得出门，那些本来紧张得要死的坏分子，现在反而更猖獗了。

"他哪里是个能人嘛！根本是个老好人，比以前的主管更容易号！"大家纷纷开始议论。

四个月过去，就在大家对新主管感到失望时，新主管却发威了——坏分子一律开除，能人则获得晋升。下手之快，断事之准，与之前保守的他，简直像是换个人。

年终聚餐时，新主管在酒过三巡之后致词："相信大家对我新到任期间的表现，和后来的大刀阔斧，一定感到不解，现在听我说个故事，各位就明白了。我有位朋友，买了栋带着大院的房子，他一搬进去，就将那院子全面整顿，杂草树一律清除，改种自己新买的花卉。某日原先的屋主到访，进门大吃一惊地问：'那最名贵的牡丹哪里去了？'我这位朋友才发现，他竟然把牡丹当草给铲了。后来他又买了一栋房子，虽然院子更是杂乱，他却按兵不动，果然冬天以为是杂树的植物，春天里开了繁花；春天以为是野草的，夏天里成了锦簇；半年都没有动静的小树，秋天居然红了叶。直到暮秋，他才真正认清哪些是无用的植物而大力铲除，并使所有珍贵的草木得以保存。"

说到这儿，主管举起杯来："让我敬在座的每一位，因为如果这

办公室是个花园，你们就都是其间的珍木，珍木不可能一年到头开花结果，只有经过长期的观察才认得出啊！"

22. 说不对的话

赵国有一个人大摆筵席，宴请宾客。时近中午，还有几个人未到。他自言自语地说：

"该来的怎么还不来？一听到这话，有些客人心想："该来的还不来，那么我是不该来了？"于是起身告辞而去。

这个人很后悔自己说错了话，连忙解释说："不该走的怎么走了？"其他的客人心想："不该走的走了，看来我是该走的！"也纷纷起身告辞而去，最后只剩下一位多年的好友。

好友责怪他说："你看你，真不会说话，把客人都气走了。"那人辩解说："我说的不是他们。"好友一听这话，顿时心头火起："不是他们就是我了！"于是长叹了一口气，也走了。

23. 盲人与灯

有一位盲人夜间出门，他提着一盏明晃晃的红灯笼走在暗路上。来往行人见他在灯笼相伴下摸索前行的模样，个个觉得好笑又奇怪。

一位路人忍不住上前问道："大哥您眼睛不好使，还打着这灯笼干啥呢？有用吗您？"

"有用，有用，怎么会没用？"盲人大哥认真地回答。

"有啥用处呢？说来听听。"这位路人来劲了，也不经意间说出一句颇有杀伤力的话："你又看不见。"

这时，四周已经聚集了一些好奇的行人，人们都饶有兴趣地想听一番笑话。

没想到，这位盲人抛出这么一个回应："对啊，正因为我看不见你们，我才需要这灯笼给你们这些明眼人提示，怕你们在黑暗中看不见我这个盲人把我撞倒了。"听者无不振聋发聩，个个眼前一亮，心中豁然开朗。大家都被这位盲人的话给折服了。

24. 右手比左手大 4%

读小学时，老师们喜欢用"错一个小数点，卫星就不能上天"之类的话发出警告，要我们细心、细心、再细心，尤其在面临大考的时候。这个警告后来演变成我们的口头禅，成了开玩笑、嬉闹时的惯用语。

有一天上课，美术老师偶然听见我们这样说话，很遗憾地摇摇头，说："你们这些孩子，不懂得卫星和小数点的意义，忽视了一个很严肃的道理。"那天恰好学习画人手，老师说："手，看起来不复杂，但我先讲一个故事，之后你们可能就会认真学画了。"

——德国有一家服装厂，每年生产许多手套，都在附近的城市销售，销量一直平稳。有一年，他们得知不远的地方新建了一家专门生产手套的小厂，由于这个小厂业务量不大，对他们似乎没有什么影响，就不太在意。但是，一年后，他们又发现：自己生产的手套在市场上不吃香了，而那个小厂生产的手套几乎占领了 80% 的市场份额。

老师问："你们猜猜，这是为什么？"同学们七嘴八舌地列举了许多理由，老师对其中的部分答案表示肯定，但同时又鼓励我们继续猜。十分钟后，教室里没声音了。老师神秘地笑了，说："手套里有一个微小的数字，决定了它是否更讨人喜欢。"

——原来，那家小厂生产的手套，即使同一双，大小都是不一样的，因为大多数人是右撇子，右手通常比左手大 4% 。所以，这种

大小不一的手套，戴起来感觉更合适！

"这个4%的区别，使小厂获得了80%的手套市场份额——听起来是不是很有意思？"

美术老师语重心长地说："我知道，卫星离你们太遥远，但手套你们总见过吧！记住，以后不要轻易蔑视那些看似细小的事物，它们有时能决定事情的成败！"

25. 穿针心理

心理学家们曾做过这样一个实验：在给小小的缝衣针穿线的时候，你越是全神贯注地努力，线越不容易穿入。在科学界，这种现象被称为"目的颤抖"——目的性越强就越不容易成功。

这种现象在生活中并不鲜见。

张师傅是一名杂技演员，脚耍大缸已有多年，可谓驾轻就熟。因为年龄偏大，他决定改行。在告别舞台演出的那天晚上，他把亲戚、朋友都请来观看。然而，正当人们为他精湛的技艺喝彩时，他却"失手"了：因一脚顶偏，偌大的瓷缸重重地砸在他的鼻梁上，他当场昏了过去。

事后有人问他："凭你的技术，怎么会出此意外？"他说："那天，心里总是想，这是自己杂技生涯的最后一场演出，而且请了那么多亲戚、朋友来捧场，一定要表演得很出色，千万不能出错。谁知表演时一走神儿，就出事了。"

从表面上看，很多失手都是偶然的，其实却有其必然性。因为人有这样一个弱点：当对某件事情过于重视时，心里就会紧张；而一紧张，往往就会出现心跳加速、精力分散、动作失调等不良反应。很多人在人生的关口失手，心理紧张与焦虑是重要原因之一。

做每一件事，我们都不能保证百分之百的成功。既然如此，我

们何不给失败一个心理准备呢？

我的一位朋友在体育大赛中多次获得乒乓球单打冠军，现已进入国家集训队。有乒乓球爱好者向他请教成功的秘诀，出人预料，他竟告之："成功之前先要做好失败的准备"。他进一步解释说，在进入正式比赛前，事先承认不论怎样做，都不可避免会出现这样那样的失误，做好这样的思想准备就可以减少心理压力，从而取得比赛的成功。他还举例说，在一次全国乒乓球大赛中，他和一位国手争夺冠军，国手确实厉害，一上场就先赢了他两局，但由于他在进场前就做好了失败的心理准备，所以没有慌乱，完全放开来打，挺住了，最后反倒是他战胜了国手。

26. 在赌场门口经营肠粉

美国西部开发，蜂拥而去的淘金客最后留下"卖水人"三字，成了那些守在重大商机的食物链上，稳守积累微利，步步富裕的人的代名词。

我在澳门见过一家"卖水人"，那是毗邻大赌场的一间小小的粥粉面店。它开在一座大厦的底层，只占着其中的一个间隔，满是"寄人篱下"的意思，门面简单洁净，几乎不事装修，紧挨着大赌场，被大赌场的金碧辉煌衬托得格外寒碜。

从赌场出来的人在"金钱大战"里厮杀得两眼通红，看到这么踏实做生意的人家，觉得他们真是呆头呆脑，这样受累有什么意义，赌场里面瞬间就成千上万，仅是一墙之隔，外面竟然有人愿意从12元一碟的肠粉里面获利，简直是天方夜谭！

确实，贴近大赌场，里面大进大出的现金流，惊涛拍岸，几乎破墙而来，这间小店无异于惊涛骇浪里的一叶小舟，不知这掌柜的又如何把持得住？

招牌上写着：芝麻酱肠粉 *12* 元，云吞面 *15* 元，白灼青菜 *8* 元，状元甲第粥 *10* 元……客似云来，生意盈门。进出那里的，都是些什么人呢？都是些希望一下子扭转乾坤，却被乾坤扭转了的人；是些赔光了本的赌客。他们通常西装革履，有的就输剩了一顿粥粉以及回程的路费了。

掌柜的是一对中年夫妇，慈眉善目，心平气和，浑然不觉自己处于风口浪尖，两人平凡守望，同心同德，店里再雇了三四个人，间或还有三个念书的孩子手勤脚快地帮忙。从天亮忙到天黑，再至深夜，等客人一一离去，方才打烊关门，守着淡时三五千、旺时不足万元的流水账，他们心满意足。

有一天，夫妇俩还免收一位客人的餐费。

那是一位豪客，前一天傍晚，正是周末，豪客携着巨款从香港过来，独自闯入赌场厮杀，手运奇佳，几个小时下来，居然净赚了 *2000* 万。子夜时分，当他带着巨款正要返港，哪知遇上狂风骤雨，往返港澳两地的飞翔船挂牌停航。这位豪客便从码头原路折回，带着口袋里的千军万马重新杀入赌场，结果遭遇滑铁卢，人仰马翻。黎明时分，*2000* 万全部输光不止，还赔进去带来的 *1000* 万本钱。

一夜之间，他从富翁变成了穷汉。

"天意，天意啊"。他一边感叹，一边走入这间小店。

夫妇俩热情地接待了他，劝慰一番。他们见过一夜白头的客人，已经习惯沧桑看云。客人的戏剧性遭遇，使他们倍感平凡日子的真实可贵。

可以想象，*5* 年，*8* 年，*10* 年之后，这对掌柜的夫妇一定换了人间。

坐在喧嚣市声里，我时时想起那间小店和小店里的夫妻。

卖水人的"小模小样"、"小打小闹"，也是实事求是所致，因为他们本来就是一群穷人，既未接到祖上留下来的大宗遗产，又没

有中彩票的运气，所以，只能脚踏实地，出卖智力或体力，从事服务业。

有人在枪林弹雨中跑过，却安然无恙，这不说明轮到你去跑的时候也可以安然无恙。对于大多数星斗小民来说，侥幸发达是一种心理毒素。

荣华富贵人人都想，但是天上掉下来的馅饼，还是让别人去捡吧。卖水人宁愿等待瓜熟蒂落、水到渠成的幸福。

所以，卖水人的生存法则实际上是"放弃第一，选择第二"。他们选择了一种务实低调的处世方式，不因利小而不为。随着年深月久，循序渐进，光阴的重量渐渐显出来，日积月累，乃万物之道。

这样的选择何尝不是一种坚守?! 坚守的结果，就是比不上少部分暴发户，但比大部分淘金客要强。

卖水人其实是另类理想主义者。

27. 给芝麻加上糖

香港是一个商业十分发达的社会，许多人都想赚大钱。但是，能够实现这种富豪梦的，毕竟只是极少数的一部分人，而丁老头就是其中之一。虽说他不算是非常有钱的超级富豪，但也身家丰厚。

但无论财富有多少，也战胜不了衰老。幸好，他的儿子也已经长大成人，顺利从美国一所著名的工商大学毕业，即将接手他所开创的这间公司。如何将自己毕生的经验传授给儿子呢？丁老头陷入了沉思之中。

几天后，丁老头带着儿子离开了公司豪华的办公楼，来到一条破旧的街道。望着儿子迷惑不解的神情，丁老头说道："你想知道我这几十年来做生意的秘诀吗？"儿子的眼睛立即露出一道亮光，他聚精会神地倾听起来。这时候，丁老头指着街道旁的一间狭小店铺说道："这是我开办的第一间商店，从这里渐渐发展成今天这家大企业。"

看着狭小的门面，儿子的脸上露出疑惑的神情。这也难怪，谁会相信，一间如此之小的店面，竟能发展成为一家跨国公司。

"你知道一斤芝麻卖多少钱？"丁老头开始问道。儿子笑着答道："在香港谁都知道，一斤芝麻卖7块钱啊。""那一斤黄糖呢？""嗯，最多也只卖到3块钱。""那一斤芝麻加上一斤糖，值多少钱呢？""这还不简单，一斤芝麻加上一斤糖，正好等于10块钱。"

儿子的脸上露出了微笑，他心中的疑惑却更深了，为什么父亲会用这样简单的数学题来考自己呢？但丁老头摇摇头说道："不对。"丁老头接着说道："如果你做芝麻糖来卖，一斤芝麻加上一斤糖，就可以卖出20块钱。"到这时，儿子才恍然大悟。

28. 一扇不上锁的门

一个刚刚破产、身无分文的年轻人游荡到了另一座城市，饥寒交迫之际便萌生了邪念。他将目光瞄向了紧靠公路的一所民宅。他敲了两下门，没人。正欲破门而入之际，屋子里突然传来一个苍老的声音："门没闩，自己开门进来吧。"他霎时有些沮丧，只得硬着头皮走进屋里。

"我十分口渴，想找点水喝。"他急中生智地撒谎道。

"好，那你请自便吧。"老人转过脸来笑容可掬地说。

突然间，他看到了老人那双空洞的眼睛——原来他竟是一位盲人！他想，真是老天开眼，第一次行动就遇到了这么绝佳的机会！他一边心不在焉地应和着老人，一边将目光迅速在屋内游移。很快，他发现了掖在枕下的一些钱，慌忙揣进怀里就要往外走。正一脚门里一脚门外之际，老人忽然又开口说话了："抽屉里有几个苹果呆会儿你拿些路上吃吧。"

霎时，这句话竟让他无所适从，不由退回来诧异地问："老人家，你对我这么信任，难道你不怕我是个坏人？"老人突然呵呵笑了起来："年轻人，对别人的好坏是不可妄下断语的。可以先假定他是一个好人、即使再坏也不至于无可救药呀！再说，我在这道口都住一辈子了，还从没遇见过坏人呢。"

老人这番毫不设防的信任像一面镜子一下子让他看到了内心的丑恶。他的心灵受到了一次前所未有的震动：别人如此相信我是个好人，我为什么要做坏事呢？他将那些钱重新放回枕下，深深地谢别老人之后，决定返回城里从一名打工仔做起。

因为他对身边的每一位同事都十分信任，所以他不仅赢得了可靠的友情，为自己创造了十分宽松的交际空间，做起工作来总是游刃有余。现在他已荣升为营销总监，成为叱咤风云的商界奇才。

29. 最贵的蛋是"笨蛋"

在三（1）班里，他的成绩是倒数第一。同学们也常取笑他，说他头大不中用。每天放学后值日生搞卫生，他都会主动地留下来帮忙倒垃圾。更绝的是，白天上课，每隔两节课，他就会条件反射地把垃圾桶拿到洗手台前认真洗刷。原先最脏臭的角落，因为阿瓜的负责变成了教室里最醒目的净土。

他总是微笑着，并纯真地看别人以怪异复杂的眼光看自己。

有一次，老师出了一个脑筋急转弯的问题：世界上最贵的蛋是什么蛋？

有人说是金蛋，有人说是原子弹，有人说是脸蛋，这时，阿瓜也举手发言，高兴地说："是笨蛋，因为大家都叫我笨蛋。"

同学们笑了，老师没有笑，她走过去轻拍阿瓜的脑袋说："是的，你最贵！"

阿瓜的母亲每天放学后都会骑摩托车到校门口接他。一个冬天下雨的傍晚，在回家的路上，阿瓜看见一位踽踽独行的同学，他知道该同学的家离学校较远，便央求妈妈顺道载那位同学回家。可惜因机车后坐装了个铁篮子，无法再多载一个人而作罢。回家后，妈妈忙着在厨房做饭，却隐隐约约听见门外传来一阵奇怪的声音，出门一看，原来阿瓜正在满头大汗地用老虎钳拆掉铁篮子……

妈妈深深地叹了口气，但眼里却涌出了泪花。

30. 服装店

小张在北京开了一家服装店，由于忙不过来，请了老家的堂妹来帮忙，工资一月600元，管她吃住。

时间久了，每当小张去订货，老觉得堂妹靠不住，心想：她会不会在价格上做梗，趁自己不在时，明明卖了高价说卖低价呢？

这样经过了一个月，小张累垮了，终于想出病来了。最后堂妹也看出了小张的怀疑，回家不干了。

小张的服装店也关门了。

31. 渔夫的命运

有一个贫穷的老渔夫，整天起早贪黑地辛苦劳作，以捕鱼谋生。但是，一天下来，收获不多，总是只能捕到一、二条小鱼。他把鱼拿到市场上去卖，得到的钱也只够养活自己和妻子。

有一次，老渔夫像往常一样去捕鱼，他刚在岸边坐下，不知从哪儿飞来了一只鸟。这不是普通的鸟，而是一只奇怪的、又大又美丽的鸟，人们叫它"加赫卡"。

"加赫卡"蹲在树上，一直看着老渔夫。

过了许久许久，渔夫才捕到一条小鱼。"加赫卡"问渔夫："老大爷，您拿这条小鱼去做什么？"

渔夫回答说："我把它拿到市场上去，卖来的钱给我们老两口买粮度日。"

"加赫卡"非常同情老渔夫，对他说："从今以后，我将在每天傍晚给你送来一条大鱼，它卖得的钱比较多，这样，你们两位老人就可以不再过贫穷、痛苦的生活了。"

老渔夫高兴万分，非常感激"加赫卡"。

从此，"加赫卡"每天飞到渔夫的院子里来，给他带来一条很大很大的鱼。老渔夫把大鱼一块块切好、煎熟，然后拿到市场上去卖，挣得了许多钱。渔夫发了财，再也不愁吃喝了，甚至还有多余的。

有一天，渔夫像往常一样到市场上去卖鱼。这时，来了一个皇帝的传令兵，他大声叫喊着："谁能告诉我在哪儿可以捉到'加赫卡'，那么，他将得到半个国家，还可以娶皇帝的女儿做妻子。"

渔夫从自己的座位站起来，想告诉传令兵，在哪儿可以找到"加赫卡"。但是，转念一想：正是"加赫卡"把自己从饥饿中拯救出来的，千万不能说啊！于是，他又坐了下去。

"要是能得到半个国家，那该多好呵！"渔夫自言自语着，不觉又站了起来。

就这样，站起来，又坐下，约有三、四次。

渔夫古怪的行为引起了传令兵的注意。于是，传令兵抓住渔夫，把他带到了皇帝那儿。

皇帝对渔夫说："我的眼睛失明了，任何药物都不能使我恢复视力。有个名医告诉我，如果能用'加赫卡'的血涂眼睛的话，就可以治好我的眼病。如果你帮助我捉住"加赫卡"，我将把我的国家的一半送给你。"

渔夫没有犹豫就回答说："'加赫卡'每天傍晚都会飞到我的院子里来并送给我一条大鱼。"

皇帝兴奋地说："那你就去抓住它！"

"不行，'加赫卡'是只神鸟，力大无比，我一个人对付不了它，如果要抓住它就需要100多个人。"渔夫说。

"我将派给你400个我的仆人，你把他们藏在'加赫卡'常停留的大树周围，他们将帮助你抓住'加赫卡'。"皇帝说。

"不，'加赫卡'是不容易抓住的，必须想个巧妙的办法。让我用好吃的东西诱骗它飞到地上来，这样才能捉住它。"渔夫回答。于是，老渔夫把400个仆人藏在大树四周，在树下的草地上放着各种美味可口的食物，等候"加赫卡"的到来。

过了一会儿，"加赫卡"飞来了。渔夫对它说："亲爱的'加赫卡'，我万分感激你给我带来富裕、幸福的生活，今天，我特备了美味可口的食物答谢你，请你留下来享用吧！"

"加赫卡"心想：老渔夫突然要招待我，他的用意是什么？但又想到这个衰弱的老头儿还能搞什么名堂呢！在渔夫一再请求下，"加赫卡"从树上飞下来，蹲在他身边。

渔夫指着"加赫卡"面前丰盛的食物说："亲爱的'加赫卡'，请你尝尝我亲手为你做的这些东西吧。"但是，当"加赫卡"刚伸嘴从碗中啄食时，渔夫一把抓住它的双脚高声大叫："快来呵！快来！我抓住它了！"

皇帝的400名仆人应声而起，从四面八方扑向"加赫卡"。

愤怒的"加赫卡"挥动自己强壮有力的翅膀，向高空飞腾。可是，渔夫还是紧紧抓住"加赫卡"的双脚不放，继续大声叫喊："我抓住了！我抓住了！"有个皇帝的仆人想要阻挡渔夫被"加赫卡"带往高空中去，他跳起来抓住渔夫的脚。第二个仆人见到他的同伙将被带往天空时，也跳起来抱住了同伙的脚。就这样，第三个

抱住第二个的脚，第四个抱住第三个的脚，第五个抱住第四个的脚……，于是，渔夫和皇帝的 *400* 个仆人一个抱住一个，被"加赫卡"带向蓝天，像一串铁链似的悬吊在空中。

这时，渔夫低头往下一看，吓得头昏眼花，浑身瘫软，不觉双手一松，就朝地面跌落下来。于是，所有的仆人跟着渔夫坠落在一片大岩石上，全都粉身碎骨，受到了应得的惩罚。

32. 高度与门

有一天动物园管理员们发现袋鼠从笼子里跑出来了，于是开会讨论，一致认为是笼子的高度过低。所以它们决定将笼子的高度由原来的十公尺加高到二十公尺。结果第二天他们发现袋鼠还是跑到外面来，所以他们又决定再将高度加高到三十公尺。

没想到隔天居然又看到袋鼠全跑到外面，于是管理员们大为紧张，决定一不做二不休，将笼子的高度加高到一百公尺。

一天长颈鹿和几只袋鼠们在闲聊，"你们看，这些人会不会再继续加高你们的笼子？"长颈鹿问。

"很难说。"袋鼠说："如果他们再继续忘记关门的话！"

33. 让出住房的侍者

一天夜里，已经很晚了，一对年老的夫妻走进一家旅馆，他们想要一个房间。前台侍者回答说："对不起，我们旅馆已经客满了，一间空房也没有剩下。"看着这对老人疲惫的神情，侍者又说："但是，让我来想想办法……"

这个侍者富有人性和爱心，他当然不忍心深夜让这对老人出门另找住处。而且在这样一个小城，恐怕其他的旅店也早已客满打烊了，这对疲惫不堪的老人岂不会在深夜流落街头？于是好心的侍者将这对老人引领到一个房间，说："也许它不是最好的，但现在我只能做到这样了。"老人见眼前其实是一间整洁又干净的屋子，就愉快地住了下来。

第二天，当他们来到前台结账时，侍者却对他们说："不用了，因为我只不过是把自己的屋子借给你们住了一晚——祝你们旅途愉快！"原来如此。侍者自己一晚没睡，他就在前台值了一个通宵的夜班。两位老人十分感动。老头儿说："孩子，你是我见到过的最好的旅店经营人。你会得到报答的。"侍者笑了笑，说这算不了什么。他送老人出了门，转身接着忙自己的事，把这件事情忘了个一干二净。没想到有一天，侍者接到了一封信函，打开看，里面有一张去纽约的单程机票并有简短附言，聘请他去做另一份工作。他乘飞机来到纽约，按信中标明的路线来到一个地方，抬眼一看，一座金碧辉煌的大酒店耸立在他的眼前。原来，几个月前的那个深夜，他接待的是一个有着亿万资产的富翁和他的妻子。富翁为这个侍者买下了一座大酒店，深信他会经营管理好这个大酒店。这就是全球赫赫有名的希尔顿饭店首任经理的传奇故事。

34. 猴子的试验

美国加利福尼亚大学的学者做了这样一个实验：把 6 只猴子分别关在 3 间空房子里，每间两只，房子里分别放着一定数量的食物，但放的位置高度不一样。第一间房子的食物就放在地上，第二间房子的食物分别从易到难悬挂在不同高度的适当位置上，第三间房子的食物悬挂在房顶。数日后，他们发现第一间房子的猴子一死一伤，伤的缺了耳朵断了腿，奄奄一息。第三间房子的猴子也死了。只有第二间房子的猴子活的好好的。

究其原因，第一间房子的两只猴子一进房间就看到了地上的食物，于是，为了争夺唾手可得的食物而大动干戈，结果伤的伤，死的死。第三间房子的猴子虽做了努力，但因食物太高，难度过大，够不着，被活活饿死了。只有第二间房子的两只猴子先是各自凭着自己的本能蹦跳取食，最后，随着悬挂食物高度的增加，难度增大，两只猴子只有协作才能取得食物，于是，一只猴子托起另一只猴子跳起取食。这样，每天都能取得够吃的食物，很好地活了下来。

35. 我是陈阿土

陈阿土是台湾的农民，从来没有出过远门。攒了半辈子的钱，终于参加一个旅游团出了国。国外的一切都是非常新鲜的，关键是，陈阿土参加的是豪华团，一个人住一个标准间。这让他新奇不已。早晨，服务生来敲门送早餐时大声说道："Good morning!"陈阿土愣住了。这是什么意思呢？在自己的家乡，一般陌生人见面都会问："您贵姓？"于是陈阿土大声叫道："我叫陈阿土!"如是这般，连着三天，都是那个服务生来敲门，每天都大声说："Good morning sir!"而陈阿土亦大声回道："我叫陈阿土!"但他非常的生气。这个服务生也太笨了，天天问自己叫什么，告诉他又记不住，很烦的。终于他忍不住去问导游，"Good moring sir!"是什么意思，导游告诉了他，天啊！真是丢脸死了。陈阿土反复练习"Good morning sir!"这个词，以便能体面地应对服务生。又一天的早晨，服务生照常来敲门，门一开陈阿土就大声叫道："Good moring sir!"与此同时，服务生叫道："我是陈阿土!"

36．纪昌学箭

纪昌向飞卫学射箭，飞卫没有传授具体的射箭技巧，却要求他必须学会盯住目标而眼睛不能眨动，纪昌花了两年，练到即使锥子向眼角刺来也不眨一下眼睛的工夫。

飞卫又进一步要求纪昌练眼力，标准要达到将体积较小的东西能够清晰地放大，就像在近处看到一样。纪昌苦练三年，终于能将最小的虱子看成车轮一样大，纪昌张开弓，轻而易举地一箭便将虱子射穿。飞卫得知结果后，对这个徒弟极为满意。

37．老鹰之绝唱

很多年前，有一只威严的老鹰，独自一个居住在一座直冲云霄的山崖上。有一天，它觉得自己死期已近，就大喊一声，把住在山岭较低处的儿子们召唤前来。当它们来齐后，它一个接一个地看了它们一番，然后说道：

"我已经抚育了你们，将你们拉扯大，使你们能够直视日光，直冲蓝天，会应对各种艰难险阻。你们兄弟中那些面孔不能忍受日光辐射的，我就让它们饿死了。为了这个原因，你们理应比所有别的鸟都飞得更高。那些还想活命的，是不会袭击你们的鹰巢的，所有的动物都将畏惧你们，你们千万别去伤害那些尊敬你们的动物，你们应该允许它们分享你们吃剩的残羹。

"现在我就要离开你们了。但我不会死在我的巢里，我将飞得非常高，远到我的翅膀能够带我去得到的高空，我将展翅高飞向太阳道别，让猛烈的日光烧掉我老了的羽毛。然后我将向大地直落下来，掉进大海。

"但是总有一天,我会再从海中飞起来,开始我另一段生命旅程,背着一个新使命重回高天。记住,孩子们,这才是我们鹰的命运。"

说着这番话,老鹰飞上天空,它庄严威武地围绕着它儿子站立的高山飞翔,随后,它突然拧转身子,向那烧掉它老迈疲倦的翅膀的炎阳飞去。

38.　我是这辆汽车的司机

一辆载满乘客的公共汽车沿着下坡路快速前进着,有一个人在后面紧紧地追赶着这辆车子。一个乘客从车窗中伸出头来对追车子的人说:"老兄!算啦,你追不上的!"

"我必须追上它,"这人气喘吁吁地说:"我是这辆车的司机!"

39.　决斗的意义

一个魔鬼来到一个村庄。他看见这个村庄富饶丰裕,就住下来,每天偷鸡摸狗,害得大家不得安宁。村长华来决心找魔鬼决斗,为村民除害。

有一天,华来在草原上走,寻找魔鬼。迎面碰到一个人,他们互相问好后,对方问:

"你往哪里去?"

"我去寻找魔鬼。"村长回答。

"为了什么?"对方问。

"我想除掉它，解救村民。"村长答道。

这时对方说："我就是魔鬼。"

村长一听，就向它冲过去，双方打了起来。华来终于战胜了魔鬼，把它打倒在地，接着拔出短刀，准备下手。但魔鬼止住了他，说：

"村长，且慢下手，你可以杀死我，但先听我说几句话。"

"说吧。"村长说。

"你杀死我没有一点好处，"魔鬼说，"如果你饶了我，你就有好处。"

"有什么好处?"村长华来问。

"你让我活命，我保证每天早晨在你枕头下放 20 卢比。这样，一直到你生命的最后一天。"魔鬼说。

村长华来一听到这话，就马上动摇了，想：我打死它，真的有什么好处? 它又不是世界上惟一的魔鬼，魔鬼有千千万万。我饶了它的命，每天就可以得到 20 卢比! 于是，华来同魔鬼订了协议，放走魔鬼。

第二天早晨，华来发现枕头底下真的有 20 卢比。村长心里大喜。

这样，持续了一个星期，村长对谁也没有说过这件事。

有一天早晨，村长醒了，手伸到枕头下摸钱，但没有一个钱。村长感到纳闷，心想，大概是魔鬼忘记了，明天它一定会放好两天的钱的。

但是，第二天枕头底下还是没有钱。华来又等了一天，还是没有钱。这时村长冒火了，就出去寻找魔鬼。

在同一草原上的同一地方，他们又相遇了。

"喂，骗子!"村长对魔鬼说，"你是怎么对待我的?"

"我得罪了你什么?"魔鬼问。

"你保证每天给我 20 卢比，起先我倒是每天收到的，可是现在，我已连续几天没收到钱了。"

"村长啊，"魔鬼回答说，"我一连几天给你钱，后来不给了，你不满意的话，我们再来决斗。"

村长华来相信自己的力量，因为已战胜过魔鬼一次。这一次，魔鬼举起村长，摔在地上，并且坐在他的胸上，拿出短刀，准备下手。

这时，村长说：

"魔鬼，你可以杀死我，但请允许我提一个问题。"

"提吧。"魔鬼答应了。

"一个星期之前，我们碰面后进行了较量，我胜了你，为什么现在我们两个都毫无变化，你却战胜了我?"

"原因是第一次你是为了正义的事业同我决斗的。而这一次，你找我是为了要钱，为了个人复仇，所以我轻易地战胜了你。"

40. 大师的鞋带

有一位表演大师上场前，他的弟子告诉他鞋带松了。

大师点头致谢，蹲下来仔细系好。等到弟子转身后，又蹲下来将鞋带解松。

有个旁观者看到了这一切，不解地问："大师，您为什么又要将鞋带解松呢?"

大师回答道："因为我饰演的是一位劳累的旅者，长途跋涉让他的鞋带松开，可以通过这个细节表现他的劳累憔悴."

"那你为什么不直接告诉你的弟子呢?"

"他能细心地发现我的鞋带松了，并且热心地告诉我，我一定要保护他这种热情的积极性，及时地给他鼓励，至于为什么要将鞋带解开，将来会有更多的机会教他表演，可以下一次再说啊。"

41. 蚂蚁与蝉

一阵秋风过后，天上下起了哗哗的秋雨。随着秋雨的飘洒，绿色的树叶、青青的小草，都被洗成了黄色。

太阳出来了，蚂蚁兄弟们便忙了起来。他们先来到树下，将树上落下的果子用刀切成小块，然后整整齐齐地摆在树下，晒成干，最后一点点地运回到自己的家中。

此时，草籽都已成熟，在草下铺了一层，这是多么好的食物啊，只要收起来，运回家里，随时都可以吃。

啊，蚂蚁家的粮仓真大啊！那里存了许许多多好吃的东西。

但蚂蚁兄弟仍然四处去寻找食物，让自己的粮仓满些，再满些。

汗水沿着蚂蚁兄弟们的脸往下淌，他们的衣服都被汗水浸透了，但它们还不休息。

这时，悠哉一夏天的蝉飞了过来。他看到蚂蚁累得那副模样，便对它们说：

"蚂蚁兄弟，又在忙碌啊！看看我，你们什么时候才能与我一样潇洒呢！夏天我唱歌、秋天我还唱歌。"

说着，蝉飞到蚂蚁的身边，抬起脚展开翅膀，多美的一个舞姿，它自己欣赏着。但忙碌的蚂蚁兄弟却没有听到蝉的讲话。

在整个夏天，蝉悦耳的声音如阳光一般洒在林地的每个角落。

秋天一过去，冬天就来了。

漫天的大雪将一切都掩盖了。好冷的天啊！树枝被冻得发出响声，大地被冻得裂出缝隙。

天冻了，地冻了，一切都冻了。

这一天，冬天的太阳升上了天空。太阳将无限的金光洒在雪地上，远远看去宛如一片金色的海。

冬天里也会有欢乐的日子。蚂蚁兄弟抓住这大好时机，运出粮仓里有些受潮的粮食，仔细地晾晒着。

这时，秋天曾见到蚂蚁兄弟运粮的那只蝉飞了过来。

再看这只蝉，它不是秋天时那么精神了，翅膀软了，脚没有力气了。原来它已经好多天没有东西吃了。但它仍快乐地对蚂蚁兄弟说：

"好兄弟们，马上我就要和你们告别了，我活不过冬天，也就不会看到春光的来临！啊！春天是多么美好啊！"

蚂蚁兄弟们对它说：

"你为什么不在夏天存点粮食呢？"

蝉回答说：

"我的职责是唱歌，我们蝉是为唱歌而生的。"

"那你为什么不在秋天存粮呢？"

"即使到死，我也不能放弃我神圣的职责，我也不能让其它事来占用我唱歌的时间。"

蚂蚁兄弟们若有所思地说：

"我们生来就有不同的追求啊！"

蝉不久就死了，蚂蚁们为它修了一个墓。

42. 盲人的希望

一位年轻的盲人，弹得一手好三弦琴。由于看不见光明，他一生的最大愿望就是能够在有生之年，睁开眼睛看看这个五彩缤纷的

101

世界。

他一边弹着三弦，一边遍访天下名医，但是没有一个人给他说过有办法治好他的眼睛。

有一天，他遇到一个道士，像以往他遇到的许多人一样，他向这个道士询问治疗眼睛的办法。

道士对他说："我这里正好有一个能治好眼睛的药方。但是，我这个方逢'千'才能见效，你是弹三弦的，那从现在开始，你得弹断一千根弦才能打开它，否则这只是一张白纸。"

这位年轻琴师带了一位也是双目失明的小徒弟开始云游四方，尽心尽力地以弹唱为生，一直十分小心地计算着到底弹断了多少根弦。

一天又一天，一年又一年，光阴似箭，日月如梭，在他弹断了第一千根弦的时候，这位已经变为老师的琴师迫不及待地将那张永远藏在怀里的药方拿了出来，去请眼睛好的识字人看看上面写着的是什么药方……

明眼人接过药方看了又看，什么也没有发现，只好对他说："这是一张白纸，上面什么也没有。"

琴师听了，潸然泪下——

他突然明白了老道士"弹断一千根弦"的意义：这是给他一个"希望"，这个希望支持他尽情地弹下去，他就这样轻轻松松地整整弹了53年的时光。

这位老人对自己的徒弟说自己重见光明了，然后，他把这张白纸郑重其事地交给了他那也是渴望能够看见光明的弟子。

他拍着徒弟的肩膀说："我这里有一张保证能够治好眼睛的药方，不过，你得弹断一千根弦才能打开这张纸。现在你可以去收徒弟了。去吧，去游走四方，尽情地弹唱，直到那第一千根琴弦断光，就有了答案。"

43. 重题 "天下第一关"

　　明朝万历年间，中国北方的女真为患。皇帝为了抗御强敌，决心整修万里长城。当时号称"天下第一关"的山海关，却早已年久失修，其中"天下第一关"的题字中的"一"字，已经脱落多时。万历皇帝募集各地书法名家，希望回复山海关的本来面貌。各地名士闻讯，纷纷前来挥毫，但是依旧没有一人的字能够表达天下第一关的原味。皇帝于是再下昭告，只要能够雀屏中选的，就能够获得最大的重赏。经过严格的筛选，最后中选的，竟是山海关旁一家客栈的店小二，真是跌破大家的眼镜。

　　在题字当天，会场被挤的水泄不通，官家也早就备妥了笔墨纸砚，等候店小二前来挥毫。只见主角抬头看着山海关的牌楼，舍弃了狼毫大笔不用，拿起一块抹布往砚台里一沾，大喝一声："一"，十分干净利落，立刻出现绝妙的一字。旁观者莫不给予惊叹的掌声。有人好奇的问他：能够如此成功的秘诀。他被问之后，久久无法回答。后来勉强答道：其实，我想不出有什么秘诀，我只是在这里当了三十多年的店小二，每当我在擦桌子时，我就望着牌楼上的"一"字，一挥一擦就这样而已。

　　原来这位店小二，他的工作地点，正好面对山海关的城门，每当他弯下腰，拿起抹布清理桌上的油污之际，刚好这个视角，正对准"天下第一关"的一字。因此，他不由自主地天天看、天天擦，数十年如一日，久而久之，就熟能生巧、巧而精通，这就是他能够把这个"一"字，能够临摹到炉火纯青，惟妙惟肖的原因。

*44．*锁定目标

有一位父亲带着他的三个孩子，到沙漠里去猎杀骆驼。

他们到达了目的地。父亲首先问老大："你看到了什么呢？"

老大回答："我看到了猎枪、骆驼，还有一望无际的沙漠。"父亲摇摇头说："不对。"父亲以相同的问题问老二。

老二回答："我看到了爸爸、大哥、弟弟、猎枪、骆驼，还有一望无际的大沙漠。"父亲又摇摇头说："不对。"父亲又以相同问题问老三。

老三回答："我只看到了骆驼。"父亲高兴地点点头说："答对了。"

*45．*买房子

有一个警察，叫罗伊，在他的日常巡逻中，他总是习惯性地去拜访一位住在一座令人神往的、占地 500 平方米建筑中的老绅士。从那栋建筑物往外望就是一座山谷，老人在那儿度过大半生，他非常喜欢那儿的视野，可以看到葱葱郁郁的树林和清澈的河流。

罗伊每周都会拜访老人一次或两次，当他来访时，老人都会请他喝茶，他们坐着闲聊，或者就在花园里散一会儿步。有一次的会面令人悲伤。老人泪流满面地告诉警察，他的健康状况已经很差，他必须卖掉他漂亮的房子，搬到疗养院去。

罗伊忽然产生一个疯狂的念头，希望能够用一种创造性方法买下这巨宅。

老人想将这栋没有设抵押的房子卖 30 万美元，而罗伊只有 3000 美元。当时每月要付 500 美元房租，警员待遇还算过得去，但对老人和这名充满希望的警察而言，想要找个主意好让他们成交似乎很难，除非将爱的力量也算进账户里。

罗伊想起一个老师说的话——找出卖方真正想要的东西给他。他寻思许久，终于找到答案。老人最牵挂的事就是将不能再在花园中散步了。

罗伊说："要是你把房子卖给我，我保证会在每个月一两次接你回到你的花园，坐在这儿，和我一起散步，就像往日一样。"

老人微笑了，笑中充满爱与惊异。老人要罗伊写下他认为公平的条件让他签署。罗伊愿意付出他所有的钱。原来的卖价要 30 万，而罗伊的现金只有 3000。卖方将 29 万 7 千元设定第一顺位抵押权，每月付 500 元利息。老人很快乐，他还送罗伊礼物，把整个屋子的古董家具都给他，包括一架孩子玩的大钢琴。

罗伊不可思议地赢得经济上的胜利，真正的赢家却是快乐的老人和他们之间的亲密关系。

46. 换位思考

英国的蒙哥马利将军在第二次世界大战中，每当战斗开始，他总是要把敌军统帅的照片放在自己的办公桌上。他说，他看着对手的照片就会经常问自己：如果我处在他的位置上，现在我会做什么？他认为，这对他做到知己知彼大有好处。

第二次世界大战末期，苏军突击部队抵达离柏林不远的奥得河时，出现了与后继部队脱节、人员和物资供应不上的危急情况。这时，朱可夫对他的坦克集团军司令卡图科夫说："假如你是德军柏林城防司令官古德里安，手中拥有 23 个师，其中有 7 个坦克师和摩托化师，朱可夫现已兵临城下，而后继部队还在离柏林 150 公里之外，在这种态势下，你会怎么行动？"卡图科夫回答说："那我就用坦克部队从北面攻打，切断你的进攻部队。"朱可夫听后连说："对啊！对啊！这是古德里安惟一的好机会。"于是，他命令第一坦克集团军火速北上，果然一举歼灭实施侧翼反击的德军，保证了柏林战役的胜利。

47. 不同的区别

从前，有一只青蛙住在京都。

"京都真是好地方啊！"京都青蛙说，"可是，据说大阪那地方又大又繁荣，真想到大阪去玩一趟。对了，好事快做，我得趁着年轻力壮，赶快行动。"说着，京都的青蛙背起饭盒，向大阪开始了它的旅行。

在大阪也住着一只青蛙。有一天，这青蛙说："大阪真是个既热闹又繁荣的地方啊！不过，据说京都是个古都，是一个非常漂亮的地方，真想到京都去玩一趟。对了，说走就走，我得马上上路。"说完，它准备好饭盒，然后，把饭盒挂在脖子上，朝京都方向开始了它的旅行。

在京都和大阪之间有一座高山。京都的青蛙和大阪的青蛙就分别从北边和南边攀登这座高山。要是不翻越这座高山的话，就无法到京都和大阪去。

"啊，观赏大阪多么快活啊！"京都的青蛙一个劲儿地攀登着说。

"啊，观赏京都多么快活啊！"大阪的青蛙也一个劲儿地攀登着说。

它们正从两个不同的方向紧张地攀登着。于是，两只青蛙很自然的在山顶上碰头了。

"你好，你好！"

"呀，你好，你好！"

两只青蛙热情地打着招呼。

"你拿着饭盒上哪儿去啊？"

"我来自京都，听说大阪很好玩，想去见识一下。你拿着饭盒到哪儿去啊？"

"呀，不瞒你说，我是大阪的，我想到京都走一趟。"

"啊，是吗？辛苦，辛苦。"

"噢，彼此，彼此。"

两只青蛙这么说着。

"那么，就让我在山上眺望一下大阪吧！"京都的青蛙说。

"那么，也让我在山上眺望一下京都吧！"大阪的青蛙说。

于是，两只青蛙踮起脚尖，仔细地眺望着远处的城市。

"怎么，原来大阪是个和京都一模一样的地方啊！嗨，早知道这样，又何必特地赶来逛呢。"

京都的青蛙刚说完，大阪的青蛙也叫了起来：

"哎，怎么搞的，原来京都是个和大阪一模一样的地方啊！嗨，早知如此，又何必特地赶来逛呢。"

因为它俩都踮起了脚尖，所以长在它们脑袋瓜上的眼睛，就都各自望着自己原来居住的城市。

这时，两只青蛙肚子饿了，它们在山上打开带来的饭盒，匆匆地吃完以后就说：

"既然如此，我们就回去吧！"

于是，两只青蛙便各自朝着自己的家乡走去。

从这以后，京都的青蛙一直到老都这样给大家讲："大阪原来是

个和京都一模一样的地方啊！"

大阪的青蛙呢，也是一直到老都这样给大家讲："京都原来是个和大阪一模一样的地方啊！"

自从那以后，大阪的青蛙从不去京都，京都的青蛙也从不去大阪。

48. 市场买货

张三和李四是一对要好的朋友，两个人平时没事就相约闲逛，溜溜古玩市场，顺便淘点宝贝。这次他们到了一座古城。到了目的地后，李四在客栈里喝茶看书，张三到街上闲逛，他看到路边有一个老妇人在卖一只玩具猫。

老妇人对他说，这只玩具猫是祖传宝物，因为儿子病重无钱医治，不得已才将它卖掉。张三随手拿起玩具猫，发现猫身很重，似乎是用黑铁铸就的。猛然间，张三发现，那一对猫眼是用珍珠做成的，他为自己的发现欣喜若狂，赶紧问老妇人这只玩具猫要卖多少钱。老妇人说，因为要为儿子医病，所以 300 元便卖。

张三说："那么我就出 100 元买这两只猫眼吧？"

老妇人在心里合计了一下，认为也比较合适，就答应了。张三回到旅店，兴奋地对李四说："我仅仅花了 100 元就买下了两颗大珍珠，真是不可思议。"

李四发现两只猫眼的的确确是罕见的大珍珠，便询问事情的经过。听完张三的讲述，李四立即放下手中的书，跑到街上，找到了那位老妇人，要买那只玩具猫。老妇人说："猫眼已经被别人先买去了，如果你要买，就给 200 元吧。"

李四付钱将玩具猫买了回来。"你怎么花 200 元去买一只没眼珠

儿的玩具猫啊？"张三嘲笑他。

李四并不在意，反而向店小二借来一把小刀，刮开猫的一个脚。黑漆脱落后，居然露出灿灿的黄色，他兴奋不已地大喊道："果然不出我所料，这玩具猫是纯金的啊！"

当年这只玩具猫的主人，一定怕金身暴露，便将它用黑色漆了一遍。后悔不已的张三问李四是如何发现这个秘密的。李四笑道："你虽然能发现猫眼是珍珠的，但你没有想到，猫眼既然是珍珠做成的，那么它的全身能会是不值钱的黑铁所铸吗？"

49. 狩猎

瑞士的乔尔吉·朵麦斯特拉尔是狩猎爱好者。一次，他去猎兔，钻进灌木丛中。可是兔子溜走了，他十分扫兴地从灌木丛中出来时，发现裤子上粘满了苍耳子，而且粘得很牢。他想：能不能利用苍耳子粘裤子的原型，发明一种能开能粘的带子。这就得搞清苍耳子为什么能粘在裤子上。他用放大镜仔细观察，原来苍耳子的小刺尖上都有个倒钩，苍耳子就是凭这些倒钩粘在裤子上的。弄清了这个机理，他发明出"贝尔克洛钩拉粘附带"，这就是一贴就能粘附住，一拉又能脱开的尼龙布带。乔尔吉申请了专利，组建了公司，成了年收入几千万元的实业家。如今，这种尼龙粘附带已经广泛地使用于服装、轻工、军工等领域。

50. 找到垫脚的东西

蓝天白云下，牛在河边吃草，牧人在挤奶，三只正在嬉戏的青蛙一不小心掉进了鲜奶桶中。第一只青蛙说："我真倒霉，好端端的掉进牛奶里，难怪今天一早眼皮就跳个不停。"然后它就盘起后腿，一动不动等待着死亡的降临，不一会就被牛奶淹死了。

第二只青蛙说："桶太深了，凭我的跳跃能力，是不可能跳出去了。今天死定了。"它试着挣扎了几下，感觉到一切都是徒劳无益的，于是，在绝望之中沉入桶底淹死了。

第三只青蛙环顾四周说："真是不幸！但我的后腿还有劲，如果我能找到垫脚的东西，就可以跳出这可怕的桶！"

但是，桶里只有滑滑的牛奶，根本没有可支撑的东西，虽然拼命地挣扎，但是一脚踏空，便又落入黏糊糊的牛奶中。它也曾经想放弃，像它的同伴一样安静地躺在桶底，但是，一种求生的欲望支撑着它一次又一次地跳起来……慢慢地，它感觉到下面的牛奶硬起来——原来在它拼命的搅拌下，鲜奶变成了奶油块。在奶油块的支撑下，这只青蛙奋力一跃，终于跳出了奶桶。

51. 被污染的文字

格德约是加拿大一家公司的普通职员。有一天，他在办公室里不小心碰翻一个瓶子，瓶子里装的液体泼在一份正待复印的重要文件上。格德约十分着急，心想这一下闯祸了，文件上被污染的文字不可能再看清了！他拿起文件来仔细察看，结果既出乎意料，又令人高兴。文件上被液体污染的部分，其字迹竟依然清晰。当他拿去复印时，又一个意外情况出现在他眼前：复印出来的文件，被液体污染过而字迹依然清晰的那个部分，竟又变成了一块块漆黑一团的黑斑。这使他由喜转忧。在他为如何消除文件上的黑斑绞尽脑汁却又一筹莫展的时候，他头脑里突然冒出一个针对"液体"和"黑斑"的倒过来的念头：自从有了复印机，人们不是常在为怎样防止文件被盗印的事发愁吗？是不是可以以这种"液体"为基础，颠倒一下，化不利作用为有利作用，研制出一种特殊的能防止盗印文件的特殊的液体来呢？

他念头一出，就立志研究。经过一段时间的努力，他最后推向市场的不是一种液体，而是一种深红色的防影印纸。这种纸能吸收复印机里的灯光，使复印出来的文件一片漆黑，什么也看不清，因而用这种纸书写的文件是不能复印的。但是用这种纸写字或打印，却不受任何影响。1983 年格德约在蒙特利尔市开办了一家名叫"加拿大无拷贝国际公司"的企业，专门生产这种防影印纸。尽管这种纸的价格昂贵，但销路却很好。

52. 表演杂技

有一位顶尖级的杂技高手，一次，他参加了一个极具挑战的演出，这次演出的主题是在两座山之间架一条钢丝，而他表演的节目是从钢丝的这边走到另一边。杂技高手走到悬在山上钢丝的一头，然后注视着前方的目标，并伸开双臂，慢慢地挪动着步子，终于顺利地走了过去。这时，整座山响起了热烈的掌声和欢呼声。

"我要再表演一次，这次我要绑住我的双手走到另一边，你们相信我可以做到吗？"杂技高手对所有的人说。我们知道走钢丝靠的是双手的平衡，而他竟然要把双手绑上。但是，因为大家都想知道结果，所以都说："我们相信你的，你是最棒的！"杂技高手真的用绳子绑住了双手，然后用同样的方式一步、两步终于又走了过去。"太棒了，太不可思议了！"所有的人都报以热烈的掌声。但没想到的是杂技高手又对所有的人说："我再表演一次，这次我同样绑住双手然

后把眼睛蒙上，你们相信我可以走过去吗?"所有的人都说:"我们相信你! 你是最棒的! 你一定可以做到的!"

杂技高手从身上拿出一块黑布蒙住了眼睛用脚慢慢地摸索到钢丝，然后一步一步的往前走，所有的人都屏住呼吸为他捏一把汗。终于，他走过去了! 表演好像还没有结束，只见杂技高手从人群中找到一个孩子，然后对所有的人说:"这是我的儿子，我要把他放到我的肩膀上，我同样还是绑住双手蒙住眼睛走到钢丝的另一边，你们相信我吗?"所有的人都说:"我们相信你! 你是最棒的! 你一定可以走过去的!"

"真的相信我吗?"杂技高手问道。

"相信你! 真的相信你!"所有的人都说。

"我再问一次，你们真的相信我吗?"

"相信! 绝对相信你! 你是最棒的!"所有的人都大声回答。

"那好，既然你们都相信我，那我把我的儿子放下来，换上你们的孩子，有愿意的吗?"杂技高手说。

这时，整座山上鸦雀无声，再也没有人敢说相信了。

53. 船工的机智

从前，有一个船老板，非常贪婪、小气。甚至付给船工的工资，也要骗取过来。沿伊洛瓦底江上下来回一次，航程要二、三个月。在整个旅途中，船老板供给船工伙食，实际工资要到航程结束的时候才付给，所以工资相当多。每次航程到最后一天，船老板就要花招或挑动船工和他打赌。船工中容易上当受骗的人往往工资被他骗得精光。

有一次航行，到最后一天，船队停泊在一个村庄旁。一月的河

水还像冰一样寒彻骨髓。

船老板说："我想跟你们当中的硬汉子打个赌，假使他能够不穿衣服而能在水里呆一整夜，我就把这个船队作为赌注输给他。条件是不能以任何方式取暖，如果输了，他们将没有工资。怎么样？有人敢站出来吗？"

所有的船工都是体格强壮的硬汉子。在通常情况下，他们会很乐意地同意打赌的。但是，他们事先已得到告诫，知道他们的老板鬼点子多，因此许多人不跟他赌。

然而，有一个船工，是一个固执的人，他自认为比船老板更狡猾，同意打赌。这个船工脱掉衣服，跳下了水。因为气温低，冷得牙齿格格发响，身体也冻得直哆嗦。但是，他坚持着，留在水里。好几个小时过去，天已接近黎明。这时候，正如船老板预料的，河对岸已有几个渔夫起身，在草屋前点着一个火堆，暖和暖和身体，以便天亮时出去捕鱼。船老板瞧着不吭声。隔了一会儿，他大声叫道："船工，你作弊了。你正在利用河对岸的火暖身。你破坏打赌规矩，你输了。"

"火堆在河对岸，"船工愤怒地答道，"一里外的火光，我怎么能得到一点暖气？"

"火就是火，"船老板回答说，"只要看得见，火光就给你暖气了。你因为破坏规矩，打赌输了。"

"好吧！"船工回答道，不再提出任何异议。

船工上船，穿好衣服同其他船工坐在一起。"你们也许认为，"他说，"我输掉了工资，是一个傻瓜。虽然我在有些事情上是一个笨蛋，但是烤猪肉我是能手，谁也比不上。甚至我们聪明的船老板也不懂得怎样烤好猪蹄子。"

船老板因为他用想出来的花招赢了船工，正在自鸣得意。现在，就是这个船工居然说他蠢得不会烤猪蹄子，他可受不了。"我才赢了

你的工钱，"他带着赢家的那种傲慢口气说，"可你却说我不懂得如何烤猪蹄子。"

"你也许会烤其它牲畜的肉，"船工答道，"不过，老板，我肯定你不懂怎样烤猪蹄。"

船老板气愤地斥道："废话，我岂会不懂怎样烤猪蹄？我可以跟你打赌。"

船工答道："我有几只猪蹄，是昨天从一艘食品船上买的，可以给你拿去烤。如果你能把这几只猪蹄烤好，我情愿在7年内像奴隶般地伺候你。但是，如果你烤不好，你得把所有的船都给我。这是一个公平的打赌。假使你认为你真的能烤猪蹄，你得同意打赌。"

船老板说："我同意。"

船工把猪蹄取来后说："这几只猪蹄给你，去烤吧。"

船老板问："火在哪里？"

船工惬意地答道："河对岸有一堆火。"

船老板气愤地说："可是有一里路远呐！"

船工答道："火就是火，你不是说过吗？既然这堆火能给我暖气，那当然该灼热得让你可以烤猪蹄了。现在，我知道你是不懂怎样烤猪蹄了。所以，打赌我赢了，全部的船都是我的了！"船老板不认输，把事情告到了法院。不用说，审判官的判决是支持船工的。

54. 子贱放权

孔子的学生子贱有一次奉命担任某地方的官吏。当他到任以后，却时常弹琴自娱，不管政事，可是他所管辖的地方却治理得井井有条，民兴业旺。这使那位卸任的官吏百思不得其解，因为他每天即使起早摸黑，从早忙到晚，也没有把地方治好。于是他请教子贱：

"为什么你能治理得这么好？"子贱回答说："你只靠自己的力量去进行，所以十分辛苦；而我却是借助别人的力量来完成任务。"

55. 永远的一课

一次，朋友讲述了他上学的一件事，给了我许多启示。

那天的风雪真暴，外面像是有无数发疯的怪兽在呼啸撕打。雪恶狠狠地寻找袭击的对象，风呜咽着四处搜索。大家都在喊冷，读书的心思似乎已被冻住了，一屋的跺脚声。

鼻头红红的欧阳老师挤进教室时，等待了许久的风席卷而入，墙壁上的《中学生守则》一鼓一顿，开玩笑似的卷向空中，又一个跟头栽了下来。往日很温和的欧阳老师一反常态：满脸的严肃庄重甚至冷酷，一如室外的天气。乱哄哄的教室静了下来，我们惊异地望着欧阳老师。

"请同学们穿上胶鞋，我们到操场上去。"几十双眼睛在问。"因为我们要在操场上立正五分钟。"即使欧阳老师下了"不上这堂课，永远别上我的课"的恐吓之词，还是有几个娇滴滴的女生和几个很横的男生没有出教室。操场在学校的东北角，北边是空旷的菜园，再北是一口大塘。那天，操场、菜园和水塘被雪连成了一个整体。

矮了许多的篮球架被雪团打得"啪啪"作响，卷地而起的雪粒呛得人睁不开眼张不开口。脸上像有无数把细窄的刀在拉在划，厚实的衣服像铁块冰块，脚像是踩在带冰碴的水里。

我们挤在教室的屋檐下，不肯迈向操场半步。欧阳老师没有说什么，面对我们站定，脱下羽绒衣，线衣脱到一半，风雪帮他完成了另一半。"在操场上去，站好！"欧阳老师脸色苍白，一字一顿地

对我们说。谁也没有吭声，我们老老实实地到操场排好了三列纵队。瘦削的欧阳老师只穿一件白衬褂，衬褂紧裹着的他更显单薄。后来，我们规规矩矩地在操场站了五分多钟。在教室时，同学们都以为自己敌不过那场风雪，事实上，叫他们站半个小时，他们顶得住，叫他们只穿一件衬衫，他们也顶得住。

56. 生活经验

两个阿拉伯人在沙漠里结伴同行，一个阿拉伯人在沙漠里失去了骑骆驼的同伴，他找了一整天也没有找到。晚上遇到了一个贝都印人，阿拉伯人开始打听失踪的同伴和他的骆驼。

"你的同伴不仅是胖子而且还是跛子吗？"贝都印人问。

"是啊。他在哪里？"希望涌上了阿拉伯人的心头，阿拉伯人急忙问下去。

"我不知道他在哪里。但是你告诉我，他手里是不是拿一根棍子？他的骆驼只有一只眼，驮着枣子，是吗？"

那个人更高兴了，急忙回答说：

"对，对！这是我的同伴和他的骆驼。你是什么时候看见的？他往哪个方向走了？"

贝都印人回答说：

"我没看见他。从昨天起，除了你，我一个人也没看见过。"

"你怎么嘲笑我?!"阿拉伯人很生气，打断了对方的话，说，"你刚才详细说出了我同伴和骆驼的样子，现在说没有见到过，这不是在欺骗我吗？"

"我没骗你，我确实没看见过他。"贝都印人平静地重复说，"不过，我还是知道，他在这棵棕榈树下休息了许多时间，然后向叙

116

利亚方向走去了。这一切事情发生在3个小时前。"

"你既然没看见他，那么这一切又是怎么知道的呢？"阿拉伯人惊讶地张大了嘴巴。

"我确实没看见过他。"贝都印人说，"我是从他的脚印里看出来的。"

他拉了阿拉伯人的手，走到沙漠上，指着脚印说：

"你看，这是人的脚印，这是骆驼的脚掌印子，这是棍子的印子。你看人的脚印：左脚印要比右脚印大和深，这不是明明白白说明，走过这里的人是个跛子吗？现在再比一比他和我的脚印，你会发现，那个人的脚印比我的深，这不是表明他比我胖？"

阿拉伯人很是惊奇，说：

"这一切都很对。那么，请你告诉我，你是怎么知道骆驼只有一只眼的？要知道，它的眼睛又不接触地面。"

"道理也是一样的，"贝都印人笑着说，"它的眼睛是没有触到地面，但是它还是留下了痕迹。你看，骆驼都吃它身体右边的草，这就说明，骆驼只有一只眼，它只看到路的这一边而看不到那一边。"

阿拉伯人更加奇怪了，问：

"那么驮在背上的枣子留下了什么痕迹呢？"

贝都印人朝前走了20步，说：

"你看，这些蚂蚁都聚在一起。难道你没有看清它们都在吸枣汁吗？"

阿拉伯人沉默了好久，然后问：

"那么时间呢？你怎么确定他在3个小时以前离开这里的呢？"

贝都印人又笑了起来，解释说：

"你看棕榈树的影子，在这样的大热天，你总不会认为一个人不要凉快而坐在太阳光下吧？所以，可以肯定，你的同伴是在树阴下

休息的。可以推算得出：阴影从他躺下的地方移动到现在我们看到的地方，需要 3 个小时左右。"

57. 三个男人

一个城郊的居民区住着三户人家，他们的平房紧紧相邻着，三个男人都从农村招工进了一家炼铁厂。

厂里工作辛苦，工资又不高。下班了，三个人都有自己的活。一个到城里去蹬三轮车，一个在街边摆了一个修车摊，还有一个在家里看书，写点文字。蹬三轮车的人钱赚得最多，高过工资。修车的也不错，能对付柴米油盐的开支。看书写字的那位虽没有收入，但也活得从容。有一天，三个人说起自己的愿望。蹬三轮车的人说，我以后天天有车蹬就很满足了。修车的说，我希望有一天能在城里开一间修车铺。喜欢看书写东西的那个人想了很久才说，我以后要离开炼铁厂，我想靠我的文字吃饭。其他两位当然都不信。

五年过去了，他们还是过着同样的生活。十年后，修车的那位真的在城里开了一家修车铺，自己当起了老板。蹬三轮的那位还是下班了去城里蹬车。十五年后，看书写字的那位发表的一些作品，在地区引起了不少关注。二十年后，他的作品被一家出版社看中，调到省城当了编辑。

58. 一只甲虫

有一只甲虫，在一棵高高的牧草上跳来跳去。它敏捷迅速，如一个武林高手，使人难以分清它那 6 条腿。

太阳快要落山了。这只甲虫匆忙地赶路，因为离它栖息的地方还远着呢，它的家在一片遥远的款冬叶子上。它是一只美丽的金黄色甲虫，当夕阳照耀着它的硬壳时，它便像块宝石似地放射着光华。突然，它停了下来，看到在路中间有着一只细小而不起眼的甲虫，这是一只可爱的荧火虫。这只萤火虫根本就没有看到这只过路的甲虫。"快从路上滚开！可恶的东西！"金黄色甲虫边喊边扇动着它的触须。可是，这只小萤火虫纹丝不动，金黄色甲虫又喊道："如果你不给我让路，我就要用胸甲把你碾碎！"接着，它就准备从萤火虫身上爬过去。

这时，萤火虫睁开了眼睛，原来它睡着了。"天黑了吗？"小萤火虫问道。"你说什么胡话，难道你没有看到，太阳快要落山了吗？"金黄色甲虫骂了起来。

"我不喜欢太阳。"萤火虫小声说道，说罢伸了个懒腰，看上去宛如一只蠕虫。"难道你糊涂了！"金黄色甲虫骂了起来，"没有太阳，我们就不能生存，它给大地带来了温暖，哺育了我们的孩子，并使我们的硬壳闪闪发光。请看这里。"金黄色甲虫站立起来。残阳照射在它的硬壳上，最后的一抹残阳再次使它闪闪发光。"真的，你真美。"萤火虫叫了起来。金黄色甲虫高兴了："讲对了，我是甲虫中最美的，所以人们都称我金黄色甲虫。"

"哦，多美的名字，你在阳光下漂亮极了。"萤火虫道。这时，金黄色甲虫带着傲慢的神情问道："你的名字是什么？"

"萤火虫。"萤火虫低声地回答。"哈哈，"金黄色甲虫大笑了起来，"人们给你起了一个恰如其分的名字，你本来就像一只小蠕虫！"

"我不叫小蠕虫，我叫萤火虫，我真的可以发光。"小甲虫谦虚地说。

"什么地方发光？"金黄色甲虫用怀疑的目光，更仔细端详了一下萤火虫。"哎呀，现在不行，必须等天完全黑了。"小荧火虫说。

金黄色甲虫又笑了起来："笑话，蠢东西，在夜晚，我们甲虫都睡觉了。此外，一只甲虫根本不会发光。"它说完，转身向前走去。可是它又停了下来，高傲地说："再见，小蠕虫！"

这一下萤火虫生气了，喊道："我还有一个名字：'萤火虫'。"金黄色甲虫挥动着翅膀笑道："胡说八道，每个甲虫只有一个名字。"

"不，我甚至还有第三个名字。"萤火虫反驳说。金黄色甲虫生气地跳了起来，因为这样一个小东西竟敢又一次顶撞了它，大叫道："可怜的小虫，我要杀死你！"说着就向萤火虫扑了过来。恰好天已经完全黑了，萤火虫点燃了它的灯，顿时，它的整个身体发出了绿色的光，她似茫茫草地上挂了盏灯。"这是什么？"金黄色甲虫一见，大吃一惊，马上闭起了双眼。"哦，这是我的灯，是它在闪光，我叫萤火虫。"小荧火虫说完，就飞了起来，在草上跳跃着，宛如一颗小星。

59. 拿破仑与秘书

拿破仑在欧洲军事、政治舞台上的杰出才能和辉煌业绩，使他成为法国人崇拜的偶像。因此，成为皇帝陛下的秘书，是许多人梦寐以求的愿望。但是，拿破仑的秘书毕竟不是好当的。

一次，拿破仑的一名私人秘书身染重病离职休息，需临时招募一名"书写漂亮"的秘书以做帮补，消息传出，人们展开激烈的竞争。结果，陆军部长办公室的沙罗先生被选中。突如其来的好运使他激动莫名，在同事们的一片欢呼声中，这位幸运儿穿戴得整整齐齐到杜伊勒利宫就职去了。

送走了沙罗先生后，大家对他的飞黄腾达羡慕不已，尚在谈论之际，办公室的门突然被人撞开了，沙罗先生丧魂落魄地出现在大家面前，帽子丢了，手套不见了，头发乱七八糟，四肢直打哆嗦。在众人惊讶万分的目光中，他诉说了刚刚在杜伊勒利宫的遭遇。

原来，沙罗先生入宫后，拿破仑打量了他一番，便叫他坐在靠近窗口的椅子上，然后就在房里大步地走来走去，指手画脚，不时地从嘴里迸出一些含混不清的词语。初来乍到的沙罗先生以为皇帝心绪不佳，嘴里嘟哝的东西与己无关，因此，并不注意听，只是屏住呼吸偷偷地用目光注视拿破仑的一举一动。过了约半小时，突然，拿破仑大步流星地朝他走来，说："给我重述一遍。"什么也没有记下的沙罗先生张口结舌，一下子惊呆了。拿破仑见纸上一片空白，顿时像狮子般暴跳如雷，怒吼连声。年轻的沙罗先生被吓破了胆，连秘书的椅子还没坐热，就连滚带爬地逃离了杜伊勒利宫。他一连5天卧床不起，此后，直到拿破仑在圣赫勒拿岛逝世多年，沙罗先生每每从远处眺望宫殿的圆屋顶时，仍心有余悸，全身禁不住轻轻颤抖。

对付拿破仑的口授，跟随他多年的首席秘书凡男爵却有一套办法。拿破仑口述时，有时含混不清地自言自语，有时又前言不搭后语地断断续续，杂乱无章。对此，凡男爵的办法是不管三七二十一，先听多少记多少，恰当地留下空白，以跟上说话人的思路，一等口授中途停止或最后结束，就赶紧整理残缺不全的草稿，绞尽脑汁地反复琢磨皇帝话语的含义，填补空白，组合句子。整理完毕，便交给拿破仑。此时，他若抖抖纸张，签上名字，把文件往凡男爵的桌子上一扔，说一声"发出去！"那么，口授记录工作便算是大功告成了。

更令秘书叫苦不堪的，是拿破仑那非凡的精力，那简直是令人难以置信的。如有一次拿破仑想在枫丹白露筹建一所学校，曾一口气口授了共计517项条款的详细计划。平时，拿破仑习惯于每天工作十五六个小时，而在每次战役期间，他白天忙个不停地处理军政大事，晚上稍稍休息一会儿，待到凌晨一两点钟，便起床阅读战报和情报，思考问题，并立即就当天的军事行动做出决定。据史载，1806 年秋对普鲁士作战期间，有一天，拿破仑除了外事活动外，竟连续口述了 102 项命令和指示。

有一天，拿破仑的情绪很好，高兴地捏捏秘书的耳朵，对他说："你也会永垂不朽的。"的确，拿破仑说得不错，那些和他一起生活工作过的人，后来很多都由于他的缘故而名垂青史。当拿破仑的秘书实在是一项可怕的差使，荣誉虽高，但是没有多少人愿意并且能够干到底的。

60. 杰克与时间

杰克大约只有 14 岁，年幼疏忽，对于卡尔·华尔德先生那天告诉他的一个真理，未加注意，但后来回想起来真是至理名言，尔后他就从中得到了不可限量的益处。

卡尔·华尔德是他的钢琴教师。有一天，给他教课的时候，忽然问他，每天要花多少时间练琴。他说大约三四个小时。

"你每次练习，时间都很长吗？"

"我想这样才好。"杰克说。

"不，不要这样。"他说，"你将来长大以后，每天不会有长时间空闲的。你可以养成习惯，一有空闲就几分钟几分钟地练习。比如在你上学以前，或在午饭以后，或在休息余暇，五分、十分钟地去练习。把小的练习时间分散在一天里面，如此则弹钢琴就成了你日常生活的一部分了。"

当杰克在哥伦比亚大学教书的时候，他想兼职从事创作。可是上课、看卷子、开会等事情把他白天晚上的时间完全占满了。差不多有两个年头他一字未动，他的借口是没有时间，这时，他才想起了卡尔·华尔德先生告诉他的话。

到了下一个星期，他就把他的话实验起来了。只要有五分钟的空闲时间，他就坐下来写作一百字或短短几行。出乎他意料之外，在那个星期的终了，他竟积有相当的稿子了。

后来他用同样的方法积少成多，创作长篇小说。他的授课工作虽然十分繁重，但是每天仍有许多可利用的短短余闲。他同时还练习钢琴。他发现每天小小的间歇时间，足够他从事创作与弹琴两项工作。

61. 亚历山大

亚历山大大帝给希腊和东方的世界带来了文化的融合，开辟了一直影响到现在的丝绸之路的丰饶世界。据说他投入了全部青春的活力，出发远征波斯之际，曾将他所有的财产分给了臣下。

为了登上征伐波斯的漫长征途，他必须买进种种军需品和粮食等物，为此他需要巨额的资金，但他把珍爱的财宝和他所有的土地，几乎全部都给臣下分配光了。

臣下之一的庇尔狄迦斯深以为怪，便问亚历山大大帝：

"陛下带什么启程呢？"

对此，亚历山大回答说：

"我只有一个财宝，那就是'希望'。"

据说，庇尔狄迦斯听了这个回答以后说："那么请允许我们也来分享它吧！"于是庇尔狄迦斯谢绝了分配给他的财产，而且臣下中的许多人也仿效了他的做法。

62. 居里夫人和镭

1920年5月的一个早晨，一位叫麦隆内夫人的美国记者，几经周折终于在巴黎实验室里见到了镭的发现者。端庄典雅的居里夫人与异常简陋的实验室，给这位美国记者留下了深刻印象。此时，镭问世已经18年了，它当初的身价曾高达75万金法郎。美国记者由此推断，仅凭专利技术，应该早使眼前这位夫人富甲一方了。

但事实上，居里夫妇也正是在18年前就放弃了他们的权利，并毫无保留地公布镭的提纯方法。居里夫人的解释异常平淡："没有人应该因为镭致富，它是属于全人类的。"

麦隆内夫人困惑不解地问："难道这个世界上就没有你最想要的东西吗？"

"有，一克镭，以便我的研究。可18年后的今天我买不起，它的价格太贵了。"

这出乎意料的回答，使麦隆内夫人既感惊讶又非常不平静。镭的提纯技术已使世界各地的商人腰缠万贯，而镭的发现者却困顿至此。她立即飞回美国，打听出一克镭在美国当时的市价是10万美元，便先找了10个女百万富翁，以为同是女人又有钱，她们肯定会解囊相助，却万万没想到碰了壁。这使麦隆内夫人意识到，这不仅仅是一次金钱的需求，更是一场呼唤公众理解科学、弘扬科学家品格的社会教育。于是，她在全美妇女中奔走宣传，最终获得成功。1921年5月20日，美国总统将公众捐献的一克镭赠与居里夫人。

数年之后，当居里夫人在自己的祖国波兰华沙创设一个镭研究院治疗癌症的时候，美国公众再次为她捐赠了第二克镭。

一些人认为，居里夫人在对待镭的问题上固执得让人难以理解，

在专利书上签个字，所有的困难不是可以解决了吗？居里夫人在后来的自传中回答了这个问题："他们所说的并非没有道理，但我仍相信我们夫妇是对的。人类需要善于实践的人，他们能从工作中取得极大的收获，既不忘记大众的福利，又能保障自己的利益，但人类也需要梦想者，需要醉心于事业的大公无私。"居里夫人一生拥有过3克镭，她把研究出的第一克镭给了科学，公众把第二克镭和第三克镭回赠给了她，这3克镭展示了一个科学家伟大的人格，由此唤起的公众对科学的理解。

63. 英国首相

迪斯累利是一个犹太人，他的血管里流淌的是犹太人那种顽强不屈的血液，小的时候迪斯累利就对自己说："我不是一个奴隶，我也不是一个俘虏，凭着我的精力，我可以战胜和跨越一切障碍。"尽管整个世界似乎都在和他作对，他却牢牢地记住了历史上那些不朽的犹太人的光辉业绩：约瑟，他是四千多年前埃及的最高主宰；丹尼尔，他是基督诞生前的五世纪世界上最伟大帝国的元首。

少年的壮志犹如燎原之火，希望和梦想成为一种激情，深深扎根于迪斯累利的现实生活之中。通过不懈的努力和抗争，迪斯累利从社会的最底层跨入了中产阶层的行列，接着，迪斯累利又雄心勃勃地杀入了上流社会，直到最终登上了权力金字塔的最高峰，成为了英国的首相。

当然，在他通往成功的道路上布满了荆棘和坎坷，他一一领略了世人的指责、白眼、蔑视、嘲讽，以及众议院里的嘘声。但是无论什么都无法阻挡迪斯累利前进的脚步和决心。面对所有的挑战，迪斯累利只是冷静地回答："总有一天你们会认识我的价值，这样的一刻终会到来的。"事情的结果就是他说的那样，他希望的那一刻真的到来了，这位在世人的眼里根本没有希望的人终于出人头地了。在整整四分之一世纪的时间里，迪斯累利主宰了英国政治的沉浮。

64. 理发师

理发师傅带了个徒弟。徒弟学艺 3 个月后，这天正式上岗，他给第一位顾客理完发，顾客照照镜子说："头发留得太长。"徒弟不语。

师傅在一旁笑着解释："头发长，使您显得含蓄，这叫藏而不露，很符合您的身份。"顾客听罢，高兴而去。

徒弟给第二位顾客理完发，顾客照照镜子说："头发剪得太短。"徒弟无语。

师傅笑着解释："头发短，使您显得精神、朴实、厚道，让人感到亲切。"顾客听了，欣喜而去。

徒弟给第三位顾客理完发，顾客一边交钱一边笑道："花时间挺长的。"徒弟无言。

师傅笑着解释："为'首脑'多花点时间很有必要，您没听说'进门苍头秀士，出门白面书生'？"顾客听罢，大笑而去。

徒弟给第四位顾客理完发，顾客一边付款一边笑道："动作挺利索，20 分钟就解决问题。"徒弟不知所措，沉默不语。

师傅笑着抢答："如今，时间就是金钱，'顶上功夫'速战速决，为您赢得了时间和金钱，您何乐而不为？"顾客听了，欢笑告辞。

晚上打烊。徒弟怯怯地问师傅："您为什么处处替我说话？反过来，我没一次做对过。"

师傅宽厚地笑道："不错，每一件事都包含着两重性，有对有错，有利有弊。我之所以在顾客面前鼓励你，作用有二：对顾客来说，是讨人家喜欢，因为谁都爱听吉言；对你而言，既是鼓励又是鞭策，因为万事开头难，我希望你以后把活做得更加漂亮。"

徒弟很受感动，从此，他越发刻苦学艺。日复一日，徒弟的技艺日益精湛。

65．路曲心直

在一座寺中有一个小和尚。每天清晨，他要去担水、洒扫，做过早课后要去寺后很远的市镇上购买寺中一天所需的日常用品，晚上还要读经到深夜。

有一天，他发现，虽然别的小和尚偶尔也会被分派下山购物，但他们去的是山前的市镇，路途平坦距离也近。于是，小和尚问方丈："为什么别人都比我自在呢？没有人强迫他们干活读经，而我却要干个不停呢？"方丈只是微笑不语。

第二天中午，当小和尚扛着一袋小米从后山走来时，方丈把他带到寺的前门。日已偏西，前面山路上出现了几个小和尚的身影，方丈问那几个小和尚："我一大早让你们去买盐，路这么近，又这么平坦，怎么回来得这么晚呢？"

几个小和尚说："方丈，我们说说笑笑，看看风景，就到这个时候了。十年了，每天都是这样的啊！"

方丈又问身旁侍立的小和尚："寺后的市镇那么远，你又扛了那么重的东西，为什么回来得还要早些呢？"

小和尚说："我每天在路上都想着早去早回，由于肩上的东西重，我才更小心去走，所以反而走得稳走得快。十年了，我已养成

了习惯，心里只有目标，没有道路了！"方丈闻言大笑，说："道路平坦了，心反而不在目标上了。只有在坎坷的路上行走，才能磨炼一个人的心志啊！"

66. 推销大师

全国著名的推销大师即将告别他的推销生涯，应行业协会和社会各界的邀请，他将在该城中最大的体育馆做告别职业生涯的演说。

那天，会场座无虚席，人们在热切地、焦急地等待着那位当代最伟大的推销员做精彩的演讲。当大幕徐徐拉开，舞台的正中央吊着一个巨大的铁球。为了这个铁球，台上搭起了高大的铁架。一位老者在人们热烈的掌声中走了出来，站在铁架的一边。他穿着一件红色的运动服，脚下是一双白色胶鞋。

人们惊奇地望着他，不知道他要做出什么举动。

这时两位工作人员抬着一个大铁锤，放在老者的面前。主持人这时对观众讲："请两位身体强壮的人，到台上来"。好多年轻人站起来，转眼间已有两名动作快的跑到台上。

老人这时开口和他们讲规则，请他们用这个大铁锤，去敲打那个吊着的铁球，直到把它荡起来。

一个年轻人抢着拿起铁锤，拉开架势，抡起大锤，全力向那吊着的铁球砸去，一声震耳的响声，那吊球动也没动。他就用大铁锤接二连三地砸向吊球，很快他就气喘吁吁。另一个人也不示弱，接过大铁锤把吊球打得叮当响，可是铁球仍旧一动不动。

台下逐渐没了呐喊声，观众好像认定那是没用的，就等着老人做出什么解释。

会场恢复了平静，老人从上衣口袋里掏出一个小锤，然后认真

地面对着那个巨大的铁球。他用小锤对着铁球"咚"敲了一下，然后停顿一下，再一次用小锤"咚"敲了一下。人们奇怪地看着，老人就那样"咚"敲一下，然后停顿一下，就这样持续地做。

十分钟过去了，二十分钟过去了，会场早已开始骚动，有的人干脆叫骂起来，人们用各种声音和动作发泄着他们的不满。老人仍然一小锤一停地工作着，他好像根本没有听见人们在喊叫什么。人们开始愤然离去，会场上出现了大块大块的空缺。留下来的人们好像也喊累了，会场渐渐地安静下来。

大概在老人进行到四十分钟的时候，坐在前面的一个妇女突然尖叫一声："球动了！"刹时间会场立即鸦雀无声，人们聚精会神地看着那个铁球。那球以很小的摆度动了起来，不仔细看很难察觉。老人仍旧一小锤一小锤地敲着，人们好像都听到了那小锤敲打吊球的声响。吊球在老人一锤一锤的敲打中越荡越高，它拉动着那个铁架子"哐、哐"作响，它的巨大威力强烈地震撼着在场的每一个人。终于场上爆发出一阵阵热烈的掌声，在掌声中，老人转过身来，慢慢地把那把小锤揣进兜里。

67. 大海里的船

英国劳埃德保险公司曾从拍卖市场买下一艘船，这艘船 1894 年下水，在大西洋上曾 138 次遭遇冰山，116 次触礁，13 次起火，207 次被风暴扭断桅杆，然而它从没有沉没过。劳埃德保险公司基于它不可思议的经历及在保费方面带来的可观收益，最后决定把它从荷兰买回来捐给国家。现在这艘船就停泊在英国萨伦港的国家船舶博物馆里。

不过，使这艘船名扬天下的却是一名来此观光的律师。当时，他刚打输了一场官司，委托人也于不久前自杀了。尽管这不是他的第一次失败辩护，也不是他遇到的第一例自杀事件，然而，每当遇到这样的事情，他总有一种负罪感。他不知该怎样安慰这些在生意场上遭受了不幸的人。

当他在萨伦船舶博物馆看到这艘船时，忽然有一种想法，为什么不让他们来参观参观这艘船呢？于是，他就把这艘船的历史抄下来和这艘船的照片一起挂在他的律师事务所里，每当商界的委托人请他辩护，无论输赢，他都建议他们去看看这艘船。

它使我们知道：在大海上航行的船没有不带伤的。

68. 秘密

开学第一天，古希腊大哲学家苏格拉底对学生们说："今天咱们只学一件最简单也是最容易做的事儿。每人把胳膊尽量往前甩，然后再尽量往后甩。"说着，苏格拉底示范做了一遍。"从今天开始，每天做300下。大家能做到吗？"

学生们都笑了。这么简单的事，有什么做不到的？过了一个月，苏格拉底问学生们："每天甩手300下，哪些同学坚持了？"有90%的同学骄傲地举起了手。

又过了一个月，苏格拉底又问，这回，坚持下来的学生只剩下八成。

一年过后，苏格拉底再一次问大家："请告诉我，最简单的甩手运动，还有哪几位同学坚持了？"这时，整个教室里，只有一人举起了手。这个学生就是后来成为古希腊另一位大哲学家的柏拉图。

69. 猴子浇树

有一次，印度的国都举行祭奠，宫廷的护卫也必须奉命前往。有一个护卫，家里养了一群伶俐的猴子，平日嬉戏打闹，也看家护院，替主人做事。护卫临走之前对院子里的猴子王说："我有事要出去，我不在的时候，你要替我照顾好院里的树苗，不要让它们枯死了，一定不要忘记打水灌溉。"

猴子王马上召集手下说："喂！你们现在替小树打水，不过，不能浪费水。浇水之前，要把树苗一棵一棵拔起看一下，为了节省用水，根长的就多浇些水，根短的就少浇些水。"

猴子们立刻遵照指示去做。这时，有一个贤者路过看见，便问猴子王说："为什么要把树苗拔起来看呢？要知道树苗栽好了是不能拔起来的，直接浇水不就行了吗？"

猴子王回答说："我们只是奉领袖的命令行事而已。"贤者听后，不禁悲叹说："唉！你们真是愚蠢又无知！自以为这是两全其美的做法，却不知道这样干只会使后果不堪收拾！"这些猴子只知忠实地服从命令，用水浇树，根本没有想到刚栽种的树苗不能随意拔起来，结果，很快树苗就全部枯死了。

70. 丘吉尔的演讲

英国首相丘吉尔的一生留下不少轶事。在第二次世界大战爆发之前，曾经有一段关于丘吉尔的轶事。当战争不可避免的时候，有一位政府官员说："我认为事情完全绝望了。"丘吉尔却若无其事地说："不错，已经到了无法形容的绝望地步。"接着他又说："不过，我觉得自己似乎年轻了 *20 岁*。"

当我们陷入绝望状态时，总要想办法逃避，不过，丘吉尔却终于接受了绝望的现实，而决心振奋起来。

从心理学上说，感到绝望以及对令人绝望的状况有所了解，无疑是完全不同的精神活动。后者是客观地认识自己所处的状况，前者表示已经不能很客观地审视自己的处境。所以，当我们处在绝望中时，认清绝望不但能使心情变得很乐观，还可以使自己超出绝望之外。

在二次世界大战后功成身退，生活立刻由绚烂归于平静的丘吉尔下台之后，有一回应邀在剑桥大学毕业典礼上致辞。那天他坐在首席上，打扮一如平常，头戴一顶高帽，手持雪茄，一副怡然自乐的样子。经过隆重但稍嫌冗长的介绍词之后，丘吉尔走上讲台，两手抓住讲桌，注视着观众大约沉默了两分钟，然后他就用他那种独特的风范开口说："永远，永远，永远不要放弃!"接着又是长长的沉默，然后他又一次强调："永远，永远，不要放弃!"最后在他再度注视观众片刻后蓦然回座。

无疑地，这是历史上最短的一次演讲，也是丘翁最脍炙人口的一次演讲。但这些都不是重点，真正的重点是你愿意听取丘吉尔的忠告吗？

71. 两国交战

某小国与邻邦的强国交战。双方的冲突与日俱增，终于使小国的使者与强国首相坐到谈判桌边上。

双方剑拔弩张，小国大使说："我国拥有战舰 *30* 艘，飞机 *80*

架，足以攻溃贵国。"

强国首相轻蔑地笑道："我们的战舰和飞机数量，多过你们的 *100* 倍。"

小国大使仍不示弱，继续恐吓对方："我国有 *25000* 人的精良部队，能够占领贵国。"

强国首相大笑："我们拥有的军队，人数多过你们的 *100* 倍。"谈判至此，小国大使显露慌张神色，表示必须先向国内请示之后，方能再继续谈下去。

当双方再度展开谈判时，小国大使的态度有了 *180* 度的转变，转为倾向妥协，向大国求和。

强国首相诧异对方态度的改变，以为小国受到己方国力强盛所震撼，故而细问小国大使求和的原因。

小国大使神色自若地回答："不是我们惧怕你们的兵力，而是我们的国土太小，实在容纳不下 *250* 万名的战俘。"

72. 推销员与 IBM 创始人

1895 年 *10* 月的一天，一个年轻人来到了美国现金出纳机销售总公司，他找到了公司营业处的负责人约翰·兰奇先生。

他向约翰·兰奇先生表示："我……我希望能成为贵公司的一名推销员。""噢！你先试试吧。"约翰·兰奇先生没有与他说太多的话，只是让他去仓库领了几台出纳机。

两个星期过去了，年轻人走街串巷，可是一台出纳机也没卖出去。他只好又来到约翰·兰奇的办公室，希望这个前辈能够给他一些指导。"哼，我早就看出你不是干推销的那块料。瞧你一副呆头呆脑的样子，还不赶快给我从办公室里滚出去！你呀，老老实实回去

133

好好学学吧。"

没想到约翰·兰奇竟然劈头大骂。

年轻人身材高大，而此时却被骂得无地自容。不过，他并没有丝毫的不满，只是默默地站在那里……最后，约翰·兰奇没有再发脾气，而是和蔼地说："年轻人不要太着急了，让我们来好好地分析一下，为什么没有人买你的出纳机呢？"

约翰·兰奇像换了一个人，他请年轻人坐下，接着说："记住，推销不是一件容易的事。如果零售商都愿意要出纳机，他们就会主动购买，就用不着让推销员去费劲了；如果每个推销员都能轻而易举地把商品推销出去，那也是不正常的。推销是一门很深的学问，需要你认真学习和思考。这样吧，改日，我和你走一趟。如果我们俩一台出纳机都不能卖出去，那咱们俩都得回家了！"

几天后，约翰·兰奇带着年轻人上路了。

年轻人非常珍惜这个宝贵的机会。他认真观察这个老推销员的一举一动。在一个顾客那里，约翰·兰奇耐心地为客户讲述出纳机的用处与好处，他说："买一台出纳机可以防止现金丢失，还能帮助老板有条理地保管记录，这不是很好吗？再有，这出纳机每收一笔款子，就会发出非常好听的铃声，让人心情愉快。"顾客微笑着倾听他的讲述，最后竟然真的买下了一台出纳机。

年轻人睁大眼睛看着一笔生意就这样谈成了。

后来，约翰·兰奇又带着这个年轻人到其他几个地方推销出纳机，也都一一成功了。

年轻人后来才知道，约翰·兰奇那天对他的粗暴行为，并不是真的看不上他，也不是因为其他的原因而拿他撒气，而是对推销员的一种训练方式——他先是将人的脸面彻底撕碎，然后告诉你应该怎样去做，以此来激发人的抗挫折能力和决心，调动人的全部智慧和潜能。

73. 狮子和大象

有一天，素有森林之王之称的狮子，来到了天神面前："我很感谢你赐给我如此雄壮威武的体格、如此强大无比的力气，让我有足够的能力统治这整座森林。"

天神听了，微笑地问："但是这不是你今天来找我的目的吧？看起来你似乎为了某事而困扰呢！"

狮子轻轻吼了一声，说："天神真是了解我啊！我今天来的确是有事相求。因为尽管我的能力再好，但是每天鸡鸣的时候，我总是会被鸡鸣声给吓醒。神啊！祈求您，再赐给我一个力量，让我不再被鸡鸣声给吓醒吧！"

天神笑道："你去找大象吧，它会给你一个满意的答复的。"

狮子兴匆匆地跑到湖边找大象，还没见到大象，就听到大象跺脚所发出的"砰砰"响声。

狮子加速地跑向大象，却看到大象正气呼呼地直跺脚。

狮子问大象："你干嘛发这么大的脾气？"

大象拼命摇晃着大耳朵，吼着："有只讨厌的小蚊子，总想钻进我的耳朵里，害我都快痒死了。"

狮子离开了大象，心里暗自想着："原来体型这么巨大的大象，还会怕那么瘦小的蚊子，那我还有什么好抱怨呢？毕竟鸡鸣也不过一天一次，而蚊子却是无时无刻地骚扰着大象。这样想来，我可比他幸运多了。"

狮子一边走，一边回头看着仍在跺脚的大象，心想："天神要我来看看大象的情况，应该就是想告诉我，谁都会遇上麻烦事，而它并无法帮助所有人。既然如此，那我只好靠自己了！反正以后只要

鸡鸣时，我就当做鸡是在提醒我该起床了，如此一想，鸡鸣声对我还算是有益处呢！"

74. 担当风险

有一天，园艺师向井植岁男请教说："社长先生，我看您的事业愈做愈大，而我像树上的一只蝉，一生都在树上，太没出息了。请您告诉我一点创业的秘诀吧！"

井植点点头说："好吧，我看你很适合做园艺方面的事情。这样吧，我工厂旁边有2万坪空地，我们就种树苗吧！一棵树苗多少钱？"

"40元。"

井植又说："好！以一坪地种两棵计算，扣除道路，2万坪地大约可以种2.5万棵，树苗成本刚好100万元。三年后，一棵树苗可以卖多少钱？"

"大约3000元。"

"那么，100万元的树苗成本与肥料费都由我来支付。你就负责浇水、除草和施肥工作。3年后，我们就有600万的利润，那时我们一人一半。"井植认真地说。不料园艺师却拒绝说："哇！我不敢做那么大的生意，我看还是算了吧。"

75. 木匠与厨师

《庄子》一书中，有两个技艺超群的人。

一个是厨房伙计，一个是匠人。厨房伙计即那位宰牛的庖丁，匠人即那位楚国郢人的朋友，叫匠石（不一定就是石匠）。二人的共同之处，就是技艺超群，简直到了出神入化的境界。

先看庖丁，他为梁惠王宰杀一头牛。他那把刀似有神助，刷刷刷几下，一个庞然大物便肉是肉、骨是骨、皮是皮地解剖得清清爽爽。他解牛时，手触、肩依、脚踏、进刀，就像是和着音乐的节拍在表演。更奇的是，庖丁的刀已用了十九年，所宰的牛已经几千头，而那刀仍像刚在磨石上磨过一样锋利。此时你看他提刀而立，悠然自得，又仔细地把刀擦净，收好。那神气，就如同优雅的西班牙斗牛士。

再看石匠，也许是木匠，也许是石匠，也许木石活儿都做。他的技艺也十分了得。郢人把白灰抹在鼻尖上，让匠人削掉。那白灰薄如蝉翼，匠人挥斧生风，削灰而不伤郢人的鼻子。

76. 下一个轮到你讲

法兰克·贝格是美国保险推销大王，可他起初投身此业时却一败涂地。他回忆说：在我最初失败的时候，一位朋友推荐我参加一个最适合我的课程。我们坐在教室后面，这位朋友低声告诉我："现在上的是大众演说课程。"就在这时，轮到一位学员演讲，他非常害怕，他的这种害怕反倒启示了我。我告诉自己："他就像我一样，紧张、害怕又胆小，我可能比他还糟糕！"

刚才那位站起来给学员点评的人很快走来，我那位朋友介绍我与他相识，他就是戴尔·卡耐基。

"我很想加入。"我说。

卡耐基回答："我们的课程已上了一半，你最好等一段时间，新课程将在一月内开始。"

"不！我希望现在就加入。"

"好！"卡耐基先生微笑回答，他握着我的手说，"下一个轮到你讲了！"

我当时紧张极了，不停地颤抖，事实上，我简直要被吓倒。然而，我毕竟说了出来，对我而言，这是一项空前的成就。在这之前，我甚至不敢在一群人面前开口说："大家好！"

这已是 30 年前的事了，那次演说的情景永远留在法兰克·贝格的脑海中，它是他生命的转折点，卡耐基说"下一个轮到你讲了"的声音常在他耳边徘徊，他将自己的成功归功于恩师——卡耐基。

就这样，卡耐基的大众演说课程给法兰克·贝格建立了自信心，增强了勇气，扩大了视野，激发了热情，帮助他表达自己的意见并说服别人，使他的推销事业得到了迅速的发展，并最终成为著名的推销大王。

77. 美术系的女生和名人

有一位美术系刚毕业的女生，对于设计服装的布料和花样非常有兴趣，她决定要涉足这一行。只是，刚开始进入这个行业非常困难，因为无论是使用布料的服装设计师，或者是制造服装的工厂都有自己已经很习惯的供应商。对于一个完全陌生、甚至还只是初出茅庐的布料设计者，他们根本就没什么兴趣。

女生拿着一堆自己长期呕心沥血设计的作品，来到一个著名服装设计师的公司。助理设计师本想打发她走，可是见她一副渴求的模样，便于心不忍地对她说："好吧！我拿进去给我们的设计师看一下。"

过了一会儿，助理设计师出来对女生说："设计师说，我们的设计图太多了，根本没时间看。"

这位女生又跑到制造服装的工厂，结果也是一样。她四处碰壁，心情十分沮丧，但心想一定要坚持下去。她想，只要方法用对了，不断地尝试，她一定能打开僵局。

有一天，这位女生来到一位名歌星的签名会上，大名鼎鼎的名歌星拥有许多歌迷。女生挤在一堆歌迷里面，也以一副十分崇拜的样子望着歌星。好不容易轮到她和歌星握手时，女生从背包里拿出一些布样和自己的设计图，对歌星说："我好崇拜你哟！真想为你设计漂亮的服饰。请您在这几块布上为我签名。"女生摆出崇拜的模样。

歌星看了这些布料和设计图说："哇！好漂亮哟！请你和我的服装设计师联络，我想用这些布料做衣服。这是她的电话，就说我叫你去找她的。"

女生开心地说："好啊！我明天就去。"

第二天一大早，女生就来到先前她被泼了一头冷水的著名设计师的公司。女生拿出有女歌星签名的布料来，对助理设计师说："是她叫我来找你们的，她说要用这些布料做衣服。"

助理设计师进办公室不到几分钟，名设计师就带着满脸的笑容走出来见她。女生就这么走进了这个行业，而且愈来愈受客户的欢迎。

78. 考试

相传，以前有个书生，屡试不第。适逢开科，书生欲往应试。行前晚上，书生做了三个怪梦，大惑，不知功名是否有望，特地去找善于圆梦的岳母解说。登门，适逢岳母外出，姨妹接待说："小妹我亦能圆梦，姐夫但说无妨。有些难解之梦，母亲还来求我呢！"

书生犹豫片刻，说："我第一个梦是梦见我家的墙头上孤零零地长了一棵草。"

姨妹说："这是说你没有根基。"

书生又说："第二个梦，是梦见我戴着斗笠打伞。"

姨妹解释："这是说你多此一举。"

书生听了很扫兴。姨妹又问："第三个梦呢？"

书生便说："恐有冒犯，不说罢了。"

姨妹说："自家人面前，不必拘礼。"

书生说："第三个梦，是梦见我和你背靠背睡在床上。"

姨妹瞪了书生一眼道："那是说你这辈子休想中。"

书生听罢甚为懊恼，看来今生功名无望，失望而归。

行至半道，恰遇岳母，遂告之。岳母闻言大喜，连说好兆。书生不解，岳母回答说："第一个梦，墙头上孤零零地长了一棵草，是说你高人一等；第二个梦，戴着斗笠打伞，是说你官（冠）上加官（冠）。"书生眉头渐展，急忙问："第三个梦又作何解释呢？"岳母回答："那是说你终有翻身的时候。"

书生听了，喜至眉梢。立即收拾行李进京应试。

79. 未实现的27个梦

五官科病房里同时住进来两位病人，都是鼻子不舒服。在等待化验结果期间，甲说，如果是癌，立即去旅行，并首先去拉萨。乙也同样如此表示。结果出来了。甲得的是鼻癌，乙长的是鼻息肉。

甲列了一张告别人生的计划表离开了医院，乙住了下来。甲的计划表是：去一趟拉萨和敦煌；从攀枝花坐船一直到长江口；到海南的

三亚以椰子树为背景拍一张照片；在哈尔滨过一个冬天；从大连坐船到广西的北海；登上天安门；读完莎士比亚的所有作品；力争听一次瞎子阿炳原版的《二泉映月》；写一本书。凡此种种，共27条。

　　他在这张生命的清单后面这么写道：我的一生有很多梦想，有的实现了，有的由于种种原因没有实现。现在上帝给我的时间不多了，为了不遗憾地离开这个世界，我打算用生命的最后几年去实现还剩下的这27个梦。

　　当年，甲就辞掉了公司的职务，去了拉萨和敦煌。第二年，又以惊人的毅力和韧性通过了成人考试。这期间，他登上过天安门，去了内蒙古大草原，还在一户牧民家里住了一个星期。现在这位朋友正在实现他出一本书的宿愿。

　　有一天，乙在报上看到甲写的一篇散文，打电话去问甲的病。甲说，我真的无法想象，要不是这场病，我的生命该是多么的糟糕。是它提醒了我，去做自己想做的事，去实现自己想去实现的梦想。现在我才体味到什么是真正的生命和人生。你生活得也挺好吧！乙没有回答。因为在医院时说的，去拉萨和敦煌的事，早已因患的不是癌症而放到脑后去了。

80. 招聘牌

　　英国是一个高福利和高薪制国家，只要能找到工作，一般都能拿到理想的工薪，但要找工作却很不容易。有一位22岁的英国年轻人，是名牌大学的高材生，大学毕业后却一直找不到工作。尽管他有一张英国伯明翰大学新闻专业的文凭，但在竞争激烈的人才市场上，却四处碰壁。

　　为了求职，这位年轻人从英国的北方一直到伦敦，几乎跑遍全国。一天，他走进世界著名大报——英国《泰晤士报》编辑部。

他鼓足勇气十分恭敬地问招聘主管："请问，你们需要编辑吗?"

对方看了看这位外表平常的年轻人，说："不要。"他接着又问："那需要记者吗?"

对方回答："也不要。"

年轻人没有气馁："那么，你们需要排版工或校对吗?"

对方已经不耐烦了，说："都不要。"

年轻人微微一笑，从包里掏出一块制作精美的告示牌交给对方，说："那你们肯定需要这块告示牌。"

对方接过来一看，只见上面写着："额满，暂不招聘。"

他的举动出乎招聘人的意料，负责招聘主管被这个年轻人真诚而又聪慧的求职行为所打动，破例对他进行全面考核。结果，他幸运地被报社录用了，并被安排到与他的才华相应的外勤部门。事实证明，报社没有看错人。

20 年后，他在这家英国王牌大报的职位是总编。这个人就是生蒙——一位资深且具有良好人格魅力的报业人士。

81. 驯马师

阿拉伯有一位著名的驯马师，他驯出来的马甚至被称为神马。熟悉驯马师的人都知道，每天早上，驯马师会指挥着一群马绕圈子跑，这其中有雄健的大马，也有很小的幼马。驯马师的助手，则一边呵斥着马，一边抓着马鞍左右跳跃。看起来活像马戏团的特技表演。到了中午，沙漠的太阳正毒，驯马师却和他的助手骑马向沙漠深处奔去。下午 4 点，当他们返回时，人们才发现每人手上都拿着一把弯刀，仿佛出征归来的样子。

有人问驯马师："你为什么要叫许多马绕圈子呢?"

驯马师说："因为我教那些小马,跟在大马身后,学习听口令和顺服。没有大马的带领,小马是很难教的。如果我是老师,大马就是家长,我在学校教导,父母在家中带领,任何一方都不能少。"

"那你的助手为什么要抓着马鞍左右跳跃呢?"

"那是教马学会均衡,维持稳定。"

"至于中午的时候骑马出去,"驯马师接着说,"是因为中午天气最为炎热,让马在一望无际、其热如焚的沙漠里奔跑,这是一种磨练,经得起的才能成为千里马。而弯刀,是我们故意舞给马看的,用刀光闪烁刺激马的眼睛,发出强烈的音响。经历这种场面,还能镇定自若的,才能成为最好的战马。"

82. 相信自己是一只雄鹰

一个人在高山之巅的鹰巢里,抓到了一只幼鹰,他把幼鹰带回家,养在鸡笼里。这只幼鹰和鸡一起啄食、嬉闹和休息,它以为自己是一只鸡。这只鹰渐渐长大,羽翼丰满了,主人想把它训练成猎鹰,可是由于终日和鸡混在一起,它已经变得和鸡完全一样,根本没有飞的愿望了。主人试了各种办法,都毫无效果,最后把它带到山顶上,一把将它扔了出去。这只鹰像块石头似的,直掉下去,慌乱之中它拼命地扑打翅膀,就这样,它终于飞了起来!

83. 谁是英雄

很久很久以前,在一个很远的部落,一位老酋长正病危。

他找来村中最优秀的三个年轻人，对他们说："这是我要离开你们的时候了，我要你们为我做最后一件事。你们三个都是身强体壮而又智慧过人的好孩子，现在，请你们尽可能地去攀登那座我们一向奉为神圣的大山。你们要尽其可能爬到最高的、最凌越的地方，然后，折回头来告诉我们你的见闻。"

三天后，第一个年轻人回来了，他笑生双靥，衣履光鲜："酋长，我到达山顶了，我看到繁花夹道，流泉淙淙，鸟鸣嘤嘤，那地方风景优美，扣人心弦。"

老酋长笑笑说："孩子，那条路线我当年也走过，你说的鸟语花香的地方不是山顶，而是山麓。你回去吧！"

一周后，第二个年轻人也回来了，他神情疲倦，满脸风霜："酋长，我到达山顶了，我看到高大肃穆的松树林，我看到秃鹰盘旋，那是一个好地方。"

"可惜啊！孩子，那不是山顶，那是山腰。不过，也难为你了，你回去吧！"

一个月过去了，大家开始为第三位年轻人的安危担心，他却一步一蹭，衣不蔽体地回来了。他发枯唇燥，只剩下清炯的眼神：

"酋长，我终到达山顶。但是，我该怎么说呢？那里只有高风悲旋，蓝天四垂。"

"你难道在那里一无所见吗？难道连蝴蝶也没有一只吗？"

"是的，酋长，高处一无所有。我所能见到的，只有我自己，只有'个人'被放在天地间的渺小感，只有想起千古英雄的悲壮心情。"

"孩子，你到的是真正的山顶。按照我们的传统，天意要立你做酋长，祝福你。"

84. 船王与儿子

有位船长有着一流的驾驶技术，他曾驾着一艘简陋的帆船在台风肆虐的大海中漂泊了半个月，最后死里逃生。后来，他有了一艘机帆船，他又多次驾驶着他的新船行程几千里到过海洋最远的地方，渔民们都称他为"船王"。

船王有一个儿子，是他唯一的继承人。船王对儿子的期望很高，希望儿子能掌握他的驾驶技术，开好他设计的这条船。船王的儿子对驾驶技术学得也很用心。

船王的儿子到了成年，他驾驶轮船的知识已经十分丰富了。船王便放心地让他一个人驾船出海。第一次出海，他的儿子就死于一次台风中，一次对渔民来说也十分微不足道的台风。

船王十分伤心：我真不明白，我的驾驶技术这么好，我的儿子怎么会这么差劲？我从他懂事就教他如何驾船，从最基本的教起，告诉他如何对付海中的暗礁，如何识别台风前兆，又如何采取应急措施。凡是我积累下来的经验，我都毫无保留地传授给了他，可是，他却在一个很浅的海域内丧了生。

船王不明白他的儿子为何会死，你明白吗？船王一直手把手的教儿子，一直跟着儿子。他只传授儿子技术，却不能传授儿子教训，也不让儿子经历教训。对于知识来说，没有教训作为根基，知识只能是纸上谈兵。从小不让孩子摔跤，等长大了，摔一跤就再也爬不起来了。

85. 两块石头

深山里有两块石头，第一块石头对第二块石头说："去经一经路途的艰险坎坷和世事的磕磕碰碰吧，能够搏一搏，不枉来此世一遭。"

"不，何苦呢，"第二块石头嗤之以鼻，"安坐高处一览众山小，周围花团锦簇，谁会那么愚蠢地在享乐和磨难之间选择后者，再说那路途的艰险磨难会让我粉身碎骨的！"

于是，第一块石头随山溪滚涌而下，历尽了风雨和大自然的磨难，它依然义无返顾执着地在自己的路途上奔波。第二块石头讥讽地笑了，它在高山上享受着安逸和幸福，享受着周围花草簇拥的畅意舒怀，享受着盘古开天辟地时留下的那些美好的景观。

许多年以后，饱经风霜历尽世尘之千锤百炼的第一块石头和它的家族已经成了世间的珍品、石艺的奇葩，被千万人赞美称颂，享尽了人间的富贵荣华。第二块石头知道后，有些后悔当初，现在它想投入到世间风尘的洗礼中，然后得到像第一块石头拥有的成功和高贵，可是一想到要经历那么多的坎坷和磨难，甚至疮痍满目、伤痕累累，还有粉身碎骨的危险，便又退缩了。

一天，人们为了更好地珍存那石艺的奇葩，准备为它修建一座精美别致、气势雄伟的博物馆，建造材料全部用石头。于是，他们来到高山上，把第二块石头粉了身碎了骨，给第一块石头盖起了房子。

第一块石头，选择了艰难坎坷，懂得放弃享乐，所以它成了珍品，成了石艺的奇葩，只可惜第二块石头，不仅最后落得粉身碎骨的下场，而且成了废物。

86. 惩罚

一个编辑，在县报干了十年，他仍然是个编辑。五年前报社精简人员，他以失败者的身份应聘到省城的一家媒体工作，只是三年，他便成了编辑部主任。

有不同的版本解释他的"发迹"，其中有一种最可信。在县报，编辑如果出了差错，错一个字扣3元，事实性差错扣5元，即使把领导职务排错，最多只扣50元。但在省报错一个字扣50元，事实性差错扣300元，如果出现领导职务排错，那么就不是用钱可以惩罚的了。

在省报担任编辑的两年，他被扣了2000多元，都是些小差错。两年前，他在排一则通稿的时候，不知是"粘贴"时出错，还是排版出错，一则十分重要的新闻中少了一个领导人的名字。报纸第二天发行后，政府部门就把电话打到了老总那。

老总立刻把他召到报社，然后是一阵臭骂。接着，政府宣传部门对他本人出示了警告通知。在巨大的压力下，他没有倒下。在此后的新闻编辑过程中，他再也没有出现差错了。据他本人说，只要在新闻中一遭遇名字，他的双手就要冒汗，一直到现在。

而提拔他担任主任一职的原因是，编委会认为他受到了报社创刊以来最严重的警告，而一个人能够承受这样大的压力，非常可贵。

很显然，他是从这次警告中得以涅槃的。假如没有这一次惩罚，他可能仍然继续着那些不大不小的错误。许多时候，一个人如果没有受到过惩罚，那么他的性格就会缺少一种叫做坚强的基因。在一个人的一生中，鼓励和惩罚是两种不同的手段，有时候，惩罚要比鼓励更有效。譬如小麦在开春前把它打折伏在地上，再挺直后，其

147

枝秆就更粗壮，在麦穗成熟后就不易被风刮倒。枣树如果不结果，有经验的老农就会用柴刀使劲砍，来年肯定果实满枝。自然界中的许多现象都寓示着惩罚的力量。

87. 我不爱跳伞

越战时，美国最高统帅魏摩尔将军检阅伞兵，一一询问他们的体验和感受。

第一位伞兵不假思索地脱口而出："我爱跳伞！"

第二位伞兵也亢奋热情地说："跳伞是我生命中最重要的体验！"

魏摩尔将军频频点头，觉得部队士气高昂。

轮到了第三位伞兵，哪知答案竟是："我不爱跳伞！"

气氛大变，魏摩尔将军非常不解地问："那你为什么选择当伞兵呢？"

这位伞兵面不改色地回答："我希望跟这些热爱跳伞的人在一起，他们可以改变我。"

这是安泰人寿从业人员经常谈起的一则故事。在安泰的企业文化里，他们相信"成功者吸引成功者"。修过领导经理人课程的上班族都知道所谓的"领导者"的定义，他身边一定要有一群心悦诚服的追随者。

领袖性格的存在，与职位高低、权势大小无关，只有热爱生命、乐于奉献生命，才能鼓动和号召人们踩着你的脚印前进。这也是大家应该慎重选择工作的原因，因为领导者的理念决定着我们生涯的方向。

IBM与苹果是两家截然不同的计算机公司，前者以处理大量资料立于不败之地，后者则以图像处理独霸全球，这取决于两家公司

的经营理念。

IBM 员工的桌前常摆着一块座右铭，写着 ThinkBig（宽宏），以此鼓励他们要有更大的想像空间、更开阔的视野、更宽敞的胸怀。

苹果公司的同仁也信守一句话，ThinkDifferent（另类），不断地要求自己要有创意、有新观念、有新方法。

如果你是一个具有 IBM 意识形态的人，就会认同"想得大"，如果你是苹果类型的人，就会明了"想得不同"对自己一生的意义。

而你所服务的对象也会不同，在苹果客户之中，许多都是视觉创作者，而 IBM 客户大部分以从事资料分析为主。

88. 使对方立即说"是"

有一个叫亚力森的推销员，他费了很大的劲，才卖了两台发动机给一家大工厂的工程师。他决心要卖给他几百台发动机，因此几天后又去找他。没想到那位工程师说："亚力森，你们公司的发动机太不理想了。虽然我需要几百台，但我不打算要你们的。"

亚力森大吃一惊，问："为什么？"

"你们的发动机太热了，热得我的手都不能放上去。"

跟他争辩是不会有好处的，亚力森急忙采用另一种策略。他说："史密斯先生，我想你说的是对的，发动机太热了，谁都不愿意再买。你要的发动机的热度，不应该超过有关标准，是吗？"

"是的。"

"电器制造公会的规定是：设计适当的发动机可以比室内温度高出华氏 72 度，是吗？"

"是的。"

"那你的厂房有多热呢？""大约华氏 75 度。"

"这么说来，72 度加 75 度一共是 147 度。把手放在华氏 147 度的热水塞下面，想必一定很烫手，是吗？"

亚力森得到了第三个"是"。紧接着他提议说："那么，不把手放在发动机上行吗？"

"嗯，我想你说得不错。"工程师赞赏地笑起来。他马上把秘书叫来，开了一张价值 35000 美元的订单。

89. 霍布森选择

1631 年，英国剑桥有一个做马匹生意的商人名叫霍布森，他在卖马时承诺：买或是租我的马，只要给一个低廉的价格，可以随意选。但他又附加了一个条件：只允许挑选能牵出圈门的那匹马。其实这是一个圈套。他在马圈上只留一个小门，大马、肥马、好马根本就出不去，出去的都是些小马、瘦马、懒马。显然，他的附加条件实际上就等于告诉顾客不能挑选。大家挑来挑去，自以为完成了满意的选择，其实选择的结果可想而知。这种没有选择余地的所谓挑选，被人们讥讽为"霍布森选择"。

一个企业家在挑选部门经理时，往往只局限于在自己的圈子里挑选人才，选来选去，再怎么公平、公正和自由，也只是在小范围内进行挑选，很容易出现"霍布森选择"的局面，甚至出现"矮子里拔将军"的惨淡状况。

在"霍布森选择"中，人们自以为做出抉择，而实际上思维和选择的空间都是很小的。有了这种思维的自我僵化，当然不会有创新，所以它更是一个陷阱，让人们在进行伪选择的过程中自我陶醉而丧失了创新的时机和动力。

美国经济学家威廉·鲍莫尔曾指出，高科技产业中竞争非常激烈，要想生存下来，企业必须在政府及企业自己资助的基础研究项目中，最大限度地投入资金，开发新材料、新设备、新系统、新方法和新模型。换句话说，要么创新，要么束手待毙。

90. 拒绝冰淇淋的美味

在美国旧金山有一家知名的芭蕾舞团，一位记者曾去采访剧团的首席女芭蕾舞星，当记者问她"您最喜爱的食物是什么"时，这位美丽动人的舞蹈家兴奋地回答："冰淇淋圣代！"记者对这个答案颇感讶异，因为这种甜食含有很多的热量，吃多了会刺激体重的增加，这对舞蹈演员可是致命的打击啊！这位记者又继续问道："那你隔多久会让自己放纵一次呢？"女舞蹈家的回答是："我至少有 15 年没有尝过那种美妙的滋味了！"

1928 年，当英国首富威斯敏斯特公爵第一次和可可·夏奈尔用餐后，公爵便爱上了她。他随即展开的追求攻势是任何女人都无法抵挡的——每天夏奈尔都能收到一份别出心裁的礼物，有时是一篮来自苏格兰的鲜花，有时则是一枚天价的古董胸针。如果夏奈尔愿意嫁给公爵，她不但可以得到公爵夫人的称号，而且，她将成为欧洲最富有的女性之一。

但是，经过 6 年的缠绵后，当公爵夫人头衔有可能限制夏奈尔发展自己的时装帝国时，夏奈尔最终还是放弃了这段感情，因为"有成堆的公爵夫人，但是，可可·夏奈尔只有一个"。历史庆幸于这个决定，否则，世界上就没有 Chanel 这个令无数女人心动的品牌了！

91. 每次都是初相识

朋友给我打来电话，说要跟我聚一聚喝几杯酒，说几句心里话，并再三强调要我一定按时去。

几杯酒下肚后，朋友才将满腹心里话一股脑儿倒出来。原来，他最近的几笔业务都未谈成，而且还有不少老客户。朋友说他"彻底败在了老熟人手里"。他很不理解：为什么让他受伤的都是老客户？

听完朋友的牢骚，又问了他几句，我才明白他之所以没与这些老关系户达成合作意向，是因为朋友与这些老关系户太熟悉了，以为只要有生意，自然会与自己合作，于是就出现了一些交往漏洞，而没有做成生意。

我给朋友讲了一个故事：

有一个日本商人请一位犹太画家上馆子吃饭。坐定之后，画家便取出画笔和纸张，乘等菜之机，给坐在边上谈笑风生的女主人画起速写来。

不一会儿，速写画好了。画家递给日本商人看，果然不错，简直栩栩如生。日本商人连声称赞道："太棒了，太棒了。"

听到朋友的奉承，犹太画家便侧转身来，面对着他，又在纸上勾画起来，还不时向他伸出左手，竖起大拇指。在一般情况下，画家在估计各部分比例时，都用这种简易方法。

日本商人一见这副架势，知道这回是给他画速写了。虽然因为位置关系，看不见他画得如何，还是摆好了姿势让他画。

日本人就这样一动不动地坐了约十分钟的时间。

"画好了。"画家站起来说道。

听到这话，日本人才松了一口气，迫不及待地凑过去看，不禁大吃一惊，画家画的根本不是那位日本商人，而是他自己左手大拇指的速写。

日本商人连羞带恼地说："我特意摆好姿势，你却作弄人。"

犹太画家却笑着对他说："我听说你做生意很精明，所以才故意考察你一下，你也不问别人画什么，就以为是在画自己，还摆好了姿势。从这一点来看，你同犹太人相比，还差得远。"

"为什么？"日本商人问道。

画家不慌不忙地反问道："你以为有了第一次，就一定有第二次吗？"

其实，这个日本人的错误在于：看见画家第一次画了女主人，第二次又面对着自己，就用做数学题的思路，采用"同理可推"的方式，认为画家一定是在画自己。

实际上，在犹太人的生意经上有这样一条规则，叫作"每次都是初交"。哪怕同再熟悉的人做生意，犹太人也决不会因为上次的成功合作，而放松对这次生意的各项条件、要求的审视。也就是说，犹太人习惯于把每次生意都看作一次独立的生意，把每次接触的业务客户都当作第一次合作的伙伴，始终保持新鲜。这样做的目的，就是要力图克服由于原来的先入之见而掉以轻心，以防失去机会。

92. 好运气缘何降临七次

经济萧条时期，钱很难赚。一位孝顺的小男孩，实在看不下去父母起早贪黑地工作却无法维持全家的温饱，所以偷偷溜到大街上想找个工作。他的运气还算不错，真的有一家商铺想招一个小店员。小男孩就跑去试。结果，跟他一样，共有七个小男孩都想在这里碰碰运气。店主说:"你们都非常棒,但遗憾的是我只能要你们其中的一个。我们不如来个小小的比赛,谁最终胜出了,谁就留下来。"

这样的方式不但公平,而且有趣,小家伙们当然都同意。店主接着说:"我在这里立一根细钢管,在距钢管2米的地方画一条线,你们都站在线外面,然后用小玻璃球投掷钢管,每人十次机会,谁掷准的次数多,谁就胜了。"

结果天黑前谁也没有掷准一次,店主只好决定明天继续比赛。

第二天,只来了三个小男孩。店主说:"恭喜你们,你们已经成功地淘汰了四个竞争对手。现在比赛将在你们三个人中间进行,规则不变,祝你们好运。"

前两个小男孩很快掷完了,其中一个还掷准了一次钢管。

轮到这位有孝心的小男孩了。他不慌不忙走到线跟前,瞅准立在2米外的钢管,将玻璃球一颗一颗地投掷出去。他一共掷准了七下。

店主和另两个小男孩十分惊诧:这种几乎完全靠运气的游戏,好运气为什么会一连在他头上降临七次?

店主说:"恭喜你,小伙子,最后的胜者当然是你,可是你能告诉我,你胜出的诀窍是什么吗?"

小男孩眨了眨眼睛说:"本来这比赛是完全靠运气的,不是吗?但为了赢得这运气,昨天我一晚上没睡觉,都在练习投掷。"

93. 推销员的智慧

齐格是一位烹调设备的推销员,他推销的现代烹调设备,每套价格395美元。

一次,有个城镇正在举行大型的集会,齐格知道消息后马上赶了过去，在集会场所示范这套烹调器，并强调它能节省燃料费用，他还把烹好的食品散发给人们，免费请大家品尝。

这时，有位看客一边吃着食品，一边咂咂嘴说："味道不错，不过，我对你说，你这设备再好，我也不会买的。400 美元买一套锅，真是天大的笑话！"此话一出，周围顿时响起一片哄笑声。

齐格抬眼看看说话人，这人他认识，是当地一位著名的守财奴。他想了想，就从身上掏出一张 1 美元，把它撕碎扔掉，问守财奴："你心疼不心疼？"

守财奴吃了一惊，但马上就镇定自若地说："我不心疼，你撕的是你的钱，如果你愿意，你尽管撕吧！"

齐格笑了笑，说："我撕的不是我的钱，而是你的钱。"

守财奴一听，惊讶不已："这怎么是我的钱？"

齐格说："你结婚 20 多年了，对吧？"

"是的，不多不少 23 年。"守财奴说。

齐格说："不说 23 年，就算 20 年吧。一年 365 天，按 360 天计，使用这个现代烹调设备烧煮食物，一天可节省 1 美元，360 天就能节省 360 美元。这就是说，在过去的 20 年内，你没使用烹调器就浪费了 7200 美元，不就等于白白撕掉了 7200 美元吗？"

接着，齐格盯着守财奴的眼睛，一字一顿地说："难道今后 20 年，你还要继续再撕掉 7200 美元吗？"

94. 侥幸的几率

一家高级轿车代理商的总经理，决定从两位业务主管当中选出一位来接替他的位子。于是他找来两位候选人，说出他的目的后，布置一项任务，来评估谁会比较适合成为他的继承者。

　　老总布置的任务很简单，他说德国原厂 50 辆最新款的轿车就要运抵，他想给这两位业务主管三个月的时间，看谁卖得多，谁就是新的总经理。

　　只是老总特别向他们强调一点，原厂告知，这款车有一个电子零件有瑕疵，瑕疵现象的发生几率只有 50%，但因为这个瑕疵不会影响到行车及安全性，所以原厂没有计划主动召回车子。但是若瑕疵现象真的发生了，则零件要等三个月后，才能运抵并帮客人换修。

　　两位候选人都相当有信心，因为根据销售记录，他们两人都具有在三个月内卖掉 30 辆车的实力。

　　但最后的销售状况却出现很大的落差，因为在三个月竞赛期满的时候，其中一个业务主管卖出了 49 辆，但另外一位却一辆也没卖出。

　　老总对这样的结果感到很纳闷，他调出过去三个月来这两位竞争者的销售日报表，他惊讶地发现，两人的来客数及试车数不相上下，但销售量却大相径庭。好奇的老总于是央请一位朋友乔装成顾客，分别向这两位候选人买车。

　　经过详细的介绍，并且煞有介事的试驾这款新车后，老总的朋友很满意地向那位已卖出四十九辆的业务主管说："请问最快何时可以交车？""可以立刻交车。"老总的朋友回答说两天内决定。

　　第二天，老总的朋友向另一位没卖一辆的业务主管试车后，问："请问最快何时可以交车？""三个月。""为何要这么久？""因为此款车进量有限，我的配额刚好卖完，若您急着要车，我可以介绍您向我的同事购买，他还有最后一辆！"

　　老总在听完朋友的叙述后，好奇地找来那位落败的主管，问他为何要将客户往竞争对手那里推。"听说，在卖出去的 49 辆中，有 30 辆是你介绍的。为什么要这样做？"这位主管说："从员工的角度，我有达成销售的责任，因此不能停止销售这 50 辆车；但从自己

的角度，我无法卖一辆事先知道有瑕疵、却没有零件可以更换的车子给客人，这跟我自己的原则抵触。所以在向客人介绍时，我都如实告知此瑕疵。虽然造成最后别人卖得比我多，但如果他被您选为总经理，就表示您比较在乎业绩，比较不在乎诚信。从职场生涯角度看，我也应该不合适这样的企业文化。"

就在这个时候，那位卖了 49 辆车的业务主管走进办公室，脸色不大好看地拿一张文件给老总，说这是德国原厂发的电子邮件，上面写着："25 件备品要再延 30 天才能交货。"

这位业务主管不安地对老总说："又要延 30 天，我有好多客户吵着要退车！"老总问："有几位？"业务主管说："25 位。"

25 位刚好是 50 辆的一半，有趣的 50% 侥幸几率，逃都逃不掉，50% 的零件瑕疵率全部都出现了。

我们都知道，你若投 100 次的硬币，正反面的几率各是 50%。换句话说，谁都无法左右侥幸的几率，因为它最多只有 50%；但剩下的 50% 却是你可以 100% 作主。

95. 你想要的轿车

在每位法律系学生上的第一堂课里，教授会告诉他们："当你盘问证人席的嫌犯时，不要问事先不知道答案的问题。"

相同的训诫也可以用在销售上。辩护律师如果不事先知道答案就盘问证人，会为他自己惹来很多麻烦，同样的情形也会发生在你身上。

绝对不要问只有"是"与"否"两个答案的问题，除非你十分肯定答案是"是"。

例如，我不会问客户："你想买双门轿车吗？"我会说："你想要双门还是四门轿车?"

如果你用后面这种二选一的问题,你的客户就无法拒绝你。相反的,如果你用前面的问法,客户很可能会对你说:"不"。下面有几个二选一的问题:"你比较喜欢三月一号还是三月八号交货?"

"发票要寄给你还是你的秘书?"

"你要用信用卡还是现金付账?"

"你要红色还是蓝色的汽车?"

"你要用货运还是空运?"

你可以看见,在上述问题中,无论客户选择哪个答案,业务员都可以顺利做成一笔生意。你可以站在客户的立场来想这些问题。如果你告诉业务员你想要蓝色的车子,你会开票付款,你希望三月八日请货运送到你家之后,就很难开口说:"噢,我没说我今天就要买。我得考虑一下。"

因为一旦你回答了上面的问题,就表示你真的要买。就像辩护律师问:"你已经停止打老婆了吗?"这问题带有明显的假设(请注意,这问题不是:"你有没有打老婆?")。证人席的嫌犯如果回答了上面的问题,等于自动认罪。

养成经常这样说的好习惯:"难道你不同意……"。

例如:"难道你不同意这是一部漂亮的车子,客户先生?""难道你不同意这块地可以看到壮观的海景,客户先生?""难道你不同意你试穿的这件貂皮大衣非常暖和,客户女士?""难道你不同意这价钱表示它有特优的价值,先生?"此外,当客户赞同你的意见时,也会衍生出肯定的回应。

我认为推销给两个或更多人时,如果能问些需要客户同意的问题,将会特别有效。举例来说,当某家的先生、太太和十二个小孩共乘一辆车子上街买东西时,我会问这位太太:"遥控锁是不是最适合你家?"她通常会同意我的看法。

接着我会继续说："我打赌你也喜欢四门车。"因为他们是个大家庭，我知道他们只能考虑四门车。她会说："哦，是的，我只会买四门车。"在一连串批评车子的性能之后，这位先生猜想他太太有意买车，因为她对我的看法一直表示赞同。

正因如此，到了要成交的时候，我已经排除先生得征求太太意见的这项因素。然后，我会说服他答应，他们彼此都认为对方想买这辆车，没有必要再召开家庭会议讨论，我也得到这张订单了。

96. 只有"付出"，才能"杰出"

在报纸上看到一篇关于一位琴童在国际大奖赛中摘得桂冠的报道。我当时并不感到震惊，因为时下国内学钢琴的少年有许多，弹得一手好钢琴的也不在少数。接着往下读，报道中列举的两个问题，却深深拨动了我的心弦。

问题一：你能每天在钢琴前坐上 *11* 个小时吗？

我略加思索，恐怕很难。*11* 个小时就是 *39600* 秒。一个坐姿坚持 *39600* 秒。那该多么难耐！

问题二：你能连续 *11* 个小时反复练习弹奏同一支曲子吗？

在琴凳上持续坐 *11* 个小时已是难事，反复练习弹奏同一支曲子，岂不难上加难！其间必将充斥太多的单调、枯燥、乏味！

报道最后披露，以上两点正是琴童成功的法宝。我长嘘一声，这也难怪这位琴童能在国际大奖赛中一举夺魁了！

我参加过高考，不过没能拿到状元。去年的秋天，我有幸结识了一位高考文科女状元。近距离的、朋友式的交流，使我窥探到了女状元生活的 B 面。她对我说，每天早晨无论刮风下雨，她都会坚持跑步 *3000* 米；每天凌晨 *1* 点前，她从来没有睡过觉……这两个数字令我汗颜！当然，每位高考状元都有一本属于自己的"状元经"，未必每个人都如她一样晨练、熬夜。但我想，每位高考状元的成功之路必然都包含着类似艰辛的"付出"。

曾经有一套畅销书在排行榜上高居首位长达数月。因为喜欢这套图书，我开始关注其作者。这套畅销书作者还不太习惯用电脑写作。喜欢用手书写稿件。他身高 1.72 米，可是，他已经成文或者写废的手稿叠加起来竟高达 1.74 米，比他的身高还要高出 2 厘米！这 1.74 米高的手稿，全是由他一笔一笔写就的、一个字一个字码成的。写作期间，因为伏案久坐，这位 1.72 米的作者患上了颈椎病，曾经无数次地贴膏药、看医生，他的超乎寻常的付出终于换来图书的畅销佳绩，给他的人生涂上了艳丽的一笔。

97. 你的位置在哪里

有三只小鸟，它们一起出生，又一起从巢里飞出去，一起寻找成家立业的位置。

它们很快便飞到一座小山上。一只小鸟落到一棵树上说："哎呀，这里真好，真高。你们看，那成群的鸡鸭、牛羊，甚至大名鼎鼎的千里马都在羡慕地向我仰望呢。能够生活在这里，我们应该满足了。"

另两只小鸟失望地摇了摇头说："好吧，你既然满足，就留在这里吧，我们还想再到高处看看。"

这两只小鸟飞呀飞呀，终于飞到了五彩斑斓的云彩里。其中一只陶醉了，情不自禁地引吭高歌起来，它沾沾自喜地说："我不想再飞了，这辈子能飞上云端，你不觉得已经十分了不起了吗？"

另一只很难过地说："不，我坚信一定还有更高的境界。遗憾的

是，现在我只能独自去追求了。"

说完，它振翅翱翔，向着九霄，向着太阳，执着地飞去……

最后，落在树上的成了麻雀，留在云端的成了大雁，飞向太阳的成了雄鹰。

98. 成功只是多说一句话

大专毕业的阿琳因为一时找不到工作，只好进了一家百货公司做营业员。尽管别人都认为她做营业员太可惜，但她却很珍惜这份工作。阿琳热情周到的服务很快便得到了顾客和领导的好评。

阿琳所在的柜组前面有道不起眼的台阶，时常会有顾客经过时不小心被绊一下。所以每当有不知情的顾客经过时，阿琳总是善意地提醒一句请小心前面的台阶。别的同事见了都总是笑她多此一举，那些人又不买自己柜组的商品，管那闲事干嘛。阿琳对此也从不争辩，总是一笑置之。

一天，公司老总进行巡视时正巧经过那道台阶，阿琳还是像以前一样习惯性地提醒说请小心前面的台阶。老总一愣，但很快便明白了是怎么回事，他没有说什么，只是看着阿琳，脸上流露出一种赞赏的笑容。很快阿琳便被提升为柜组组长，一年之后，她成了这家公司的副总经理。

99. 安然的总裁

一个城里男孩 kenny 移居到了乡下，从一个农民那里花 100 美元买了一头驴，这个农民同意第二天把驴带来给他。

第二天农民来找 kenny，说："对不起，小伙子，我有一个坏消息要告诉你，那头驴死了。"

kenny 回答："好吧，你把钱还给我就行了！"

农民说："不行，我不能把钱还给你，我已经把钱给花掉了。"

kenny 说："ok，那么就把那头死驴给我吧！"

农民很纳闷："你要那头死驴干嘛？"

kenny 说："我可以用那头死驴作为幸运抽奖的奖品。"

农民叫了起来："你不可能把一头死驴作为抽奖奖品，没有人会要它的。"

kenny 回答："别担心，看我的。我不告诉任何人这头驴是死的就行了！"

几个月以后，农民遇到了 kenny。

农民问他："那头死驴后来怎么样了？"

kenny："我举办了一次幸运抽奖，并把那头驴作为奖品，我卖出了 500 张票，每张 2 块钱，就这样我赚了 998 块钱！"

农民好奇地问："难道没有人对此表示不满？"

kenny 回答："只有那个中奖的人表示不满，所以我把他买票的钱还给了他！"

许多年后，长大了的 kenny 成为了安然公司的总裁。

100. 责任感创造奇迹

几年前，美国著名心理学博士艾尔森对世界 100 名各个领域中杰出人士做了问卷调查，结果让他十分惊讶———其中 61 名杰出人士承认，他们所从事的职业，并不是他们内心最喜欢做的，至少不是他们心目中最理想的。

这些杰出人士竟然在自己并非喜欢的领域里取得了那样辉煌的业绩，除了聪颖和勤奋之外，究竟靠的是什么呢？

带着这样的疑问，艾尔森博士又走访了多位商界英才。其中纽约证券公司的金领丽人苏珊的经历，为他寻找满意的答案提供了有益的启示。

苏珊出身于中国台北的一个音乐世家，她从小就受到了很好的音乐启蒙教育，非常喜欢音乐，期望自己的一生能够驰骋在音乐的广阔天地，但她阴差阳错地考进了大学的工商管理系。一向认真的她，尽管不喜欢这一专业，可还是学得格外刻苦，每学期各科成绩均是优异。毕业时被保送到美国麻省理工学院，攻读当时许多学生可望而不可及的 MBA。后来，她又以优异的成绩拿到了经济管理专业的博士学位。

如今她已是美国证券业界风云人物，在被调查时依然心存遗憾地说："老实说，至今为止，我仍不喜欢自己所从事的工作。如果能够让我重新选择，我会毫不犹豫地选择音乐。但我知道那只能是一个美好的'假如'了，我只能把手头的工作做好……"

艾尔森博士直截了当地问她："既然你不喜欢你的专业，为何你学得那么棒？既然不喜欢眼下的工作，为何你又做得那么优秀？"

苏珊的眼里闪着自信，十分明确地回答："因为我在那个位置上，那里有我应尽的职责，我必须认真对待。""不管喜欢不喜欢，那都是我自己必须面对的，都没有理由草草应付，都必须尽心尽力，尽职尽责，那不仅是对工作负责，也是对自己负责。有责任感可以创造奇迹。"

艾尔森在以后的继续走访中发现，许多的成功人士之所以能出类拔萃的反思，与苏珊的思考大致相同———因为种种原因，我们常常被安排到自己并不十分喜欢的领域，从事了并不十分理想的工作，一时又无法更改。这时，任何的抱怨、消极、懈怠，都是不足

取的。唯有把那份工作当作一种不可推卸的责任担在肩头，全身心地投入其中，才是正确与明智的选择。正是在这种"在其位，谋其政，尽其责，成其事"的高度责任感的驱使下，他们才赢得了令人瞩目的成功。

艾尔森博士的调查结论，使人想到了我国的著名词作家乔羽。最近，他在中央电视台艺术人生节目里坦言，自己年轻时最喜欢做的工作不是文学，也不是写歌词，而是研究哲学或经济学。他甚至开玩笑地说，自己很可能成为科学院的一名院士。不用多说，他在并非最喜欢和最理想的工作岗位上兢兢业业，为人民做出了家喻户晓、人人皆知的贡献。

101. 不要往前后左右看

杰克，是一个有理想的青年。他喜欢创作，立志当个大作家，像山姆一样。山姆，是杰克崇拜的大作家。杰克常常在杂志上看见山姆的名字。杰克发现：山姆非常高产；并且，创作风格多样化；再有，从作品涉及的内容看，其人的知识、见识极其广博。以山姆为偶像，杰克开始了文学创作。慢慢地，杰克也能发表作品了。杰克高兴地努力地写呀写，从趋势上看，他是进步的。然而，写了几年后，杰克沮丧地发现：自己要想赶上山姆，简直是白日做梦。山姆酷似一台创作机器，任意翻开一册新一期的杂志，几乎都可以看见山姆的名字。杰克心想，我就是每天不睡觉也写不出来这么多的作品。另外，山姆那多样化的创作风格，可以吸引有着不同欣赏癖好的读者，而自己，仅有一种创作风格。最可怕的是，山姆犹如一个无所不知无所不晓的"万事通"，而自己，相比之下，显得懂得太少了。杰克开始怀疑自己了，怀疑自己的才气，怀疑自己的学识，怀疑自己是不是文学创作这块料，怀疑自己能否在这条路上有大发展……

在种种怀疑中，杰克信心尽失，慢慢地，他远离了创作。他死心塌地做了一名运输垃圾的司机。在奔向垃圾处理场的路上，杰克老了。

这一天，老杰克到一家杂志社去运垃圾，那其实是一些滞销旧杂志。老杰克随手拾起了一册翻了翻，又看见了山姆的名字。忽然，老杰克想跟杂志社的人打听打听山姆。事实上，除了山姆的名字和他的作品，老杰克对山姆本人是一无所知的。杂志社的人笑着告诉老杰克：山姆这个人根本不存在。我们杂志社把作者姓名不详的文章，一概署名为山姆。其他的杂志社也有这个习惯。所以，山姆的名字常常出现在杂志上。

话未说完，老杰克已然惊得不能动弹了。原来，让他信心尽失、理想破灭、一生黯淡的，竟是一个根本不存在的人。

102. 商人与支票

年关将近，一个小商人辛辛苦苦地赶出一批货，交给一个新客户。交货之后，左等右等也等不到客户将货款电汇回来。

过了两个星期，小商人终于按耐不住，便亲自搭乘夜班火车，赶到那个客户的公司，苦等几个钟头之后，对方才出现。小商人磨了半天，才取到那笔为数十万元的贷款支票。

小商人拿着客户开来的现金支票，火速赶到发出支票的银行，希望能够立刻换得现款，准备过年应急之用。

不料，当他将支票交给银行柜台小姐时，对方却告诉他，这个账号的户头已经有很长的一段时间没有往来资金，而且，在那个账号内的存款也不足，他的支票根本无法兑现。

小商人顿时明白，这是那个刁钻的客户故意为难他的小动作，当下便想再冲回客户的公司，和那客户大吵一架。但小商人做事一向小心谨慎，在准备离开银行之前，向银行小姐简单地讲了自己的窘困状况，并询问柜台小姐，既然他的支票因对方存款不足而遭到退票，那么对方究竟差了多少钱？

由于他的诚恳，柜台小姐也热心地帮他查询，得到的结果是，户头内只剩下九万八千元，与他的支票金额相差两千块钱。

果然不出所料，那个客户是存心要和他过不去，看来这笔货款有点悬乎。

小商人转念想了想，灵机一动，很快地从身上掏出两千元钞票，央求柜台小姐帮他存入那个客户的账号内，补足支票面额的十万元，再将那张支票轧进去，终于顺利地取到钱。

103. 拉上窗帘

美国首都华盛顿广场的杰斐逊纪念馆大厦落成使用已久，建筑物表面斑驳，后来竟然出现裂纹。政府非常担忧，派专员调查原因解决问题。最初以为蚀损建筑物的是酸雨。最终研究表明，冲洗墙壁所含的清洁剂对建筑物有酸蚀作用，该大厦每日被冲洗的次数，大大多于其他建筑，受酸蚀损害严重。

可为什么要每天冲洗呢？因为大厦每天被大量鸟粪弄脏，那是燕子。

为什么有这么多燕子聚在这里？因为建筑物上有燕子最喜欢吃的蜘蛛。

为什么蜘蛛多？因为墙上有蜘蛛最喜欢吃的飞虫。

为什么飞虫多？因为飞虫在这里繁殖特别快。

为什么繁殖快？因为这里的尘埃最适宜飞虫繁殖。

为什么这里的尘埃适宜繁殖？原来尘埃并无特别，只是配合了从窗子照射进来的充足阳光。正好形成了特别刺激飞虫繁殖兴奋的温床，大量飞虫聚集在此，于是吸引特别多的蜘蛛，又吸引了许多燕子，燕子吃饱了，就近在大厦上方便……

问题的本原既然已经找到，那么应该拉上窗帘。

104. 希望与成功

听说过这样一个故事吗？当年，美国曾有一家报纸曾刊登了一则园艺所重金征求纯白金盏花的启事，在当地一时引起轰动。高额的奖金让许多人趋之若鹜，但在千姿百态的自然界中，金盏花除了金色的就是棕色的，能培植出白色的，不是一件易事。所以许多人一阵热血沸腾之后，就把那则启事抛到九霄云外去了。

一晃就是20年，一天，那家园艺所意外地收到了一封热情的应征信和一粒纯白金盏花的种子。当天，这件事就不胫而走，引起轩然大波。

寄种子的原来是一个年已古稀的老人。老人是一个地地道道的爱花人。当她20年前偶然看到那则启事后，便怦然心动。她不顾八个儿女的一致反对，义无返顾地干了下去。她撒下了一些最普通的种子，精心侍弄。一年之后，金盏花开了，她从那些金色的、棕色的花中挑选了一朵颜色最淡的，任其自然枯萎，以取得最好的种子。次年，她又把它种下去。然后，再从这些花中挑选出颜色更淡的花的种子栽种……日复一日，年复一年。终于，在我们都知道的那个20年后的今天，她在那片花园中看到一朵金盏花，它不是近乎白色，也并非类似白色，而是如银如雪的白。一个连专家都解决不了的问题，在一个不懂遗传学的老人手中迎刃而解，这是奇迹吗？

当年那么普通的一粒种子啊，也许谁的手都曾捧过。捧过那样一粒再普通不过的种子，只是少了一份对希望之花的坚持与捍卫，少了一份以心为圃、以血为泉的培植与浇灌，才使你的生命错过了一次最美丽的花期。种在心里，即使一粒最普通的种子，也能长出奇迹！

这个故事告诉我们，只要我们心中存在希望，只要我们心中有一颗希望的种子，那么就一定会创造出奇迹……

105. 断箭

春秋战国时代，一位父亲和他的儿子出征打仗。父亲已做了将军，儿子还只是马前卒。又一阵号角吹响，战鼓雷鸣了，父亲庄严地托起一个箭囊，其中插着一只箭。父亲郑重对儿子说："这是家袭宝箭，配带身边，力量无穷，但千万不可抽出来。"

那是一个极其精美的箭囊，厚牛皮打制，镶着幽幽泛光的铜边儿，再看露出的箭尾。一眼便能认定用上等的孔雀羽毛制作。儿子喜上眉梢，贪婪地推想箭杆、箭头的模样，耳旁仿佛嗖嗖地箭声掠过，敌方的主帅应声折马而毙。

果然，配带宝箭的儿子英勇非凡，所向披靡。当鸣金收兵的号角吹响时，儿子再也禁不住得胜的豪气，完全背弃了父亲的叮嘱，强烈的欲望驱赶着他呼一声就拔出宝箭，试图看个究竟。骤然间他惊呆了。一只断箭，箭囊里装着一只折断的箭。我一直挎着只断箭打仗呢！儿子吓出了一身冷汗，仿佛顷刻间失去支柱的房子，轰然意志坍塌了。结果不言自明，儿子惨死于乱军之中。

拂开蒙蒙的硝烟，父亲拣起那柄断箭，沉重地咔一口道："不相信自己的意志，永远也做不成将军。"

106. 生命的价值

在一次讨论会上，一位著名的演说家没讲一句开场白，手里却高举着一张 20 美元的钞票。

面对会议室里的 200 个人，他问："谁要这 20 美元?"一只只手举了起来。他接着说："我打算把这 20 美元送给你们中的一位，但在这之前，请准许我做一件事。"他说着将钞票揉成一团，然后问："谁还要?"仍有人举起手来。他又说："那么，假如我这样做又会怎么样呢?"他把钞票扔到地上，又踏上一只脚，并且用脚碾它。尔后他拾起钞票，钞票已变得又脏又皱。

"现在谁还要?"还是有人举起手来。

"朋友们，你们已经上了一堂很有意义的课。无论我如何对待那张钞票，你们还是想要它，因为它并没贬值，它依旧值 20 美元。人生路上，我们会无数次被自己的决定或碰到的逆境击倒、欺凌甚至碾得粉身碎骨。我们觉得自己似乎一文不值。但无论发生什么，或将要发生什么，在上帝的眼中，你们永远不会丧失价值。在他看来，肮脏或洁净，衣着齐整或不齐整，你们依然是无价之宝。"

107. 昂起头来真美

珍妮是个总爱低着头的小女孩，她一直觉得自己长得不够漂亮。有一天，她到饰物店去买了只绿色蝴蝶结，店主不断赞美她戴上蝴蝶结挺漂亮，珍妮虽不信，但是挺高兴，不由昂起了头，急于让大家看看，出门与人撞了一下都没在意。

珍妮走进教室，迎面碰上了她的老师，"珍妮，你昂起头来真美!"老师爱抚地拍拍她的肩说。那一天，她得到了许多人的赞美。她想一定是蝴蝶结的功劳，可往镜前一照，头上根本就没有蝴蝶结，一定是出饰物店时与人一碰弄丢了。

自信原本就是一种美丽，而很多人却因为太在意外表而失去很多快乐。

108. 为生命画一片树叶

美国作家欧·亨利在他的小说《最后一片叶子》里讲了个故事：病房里，一个生命垂危的病人从房间里看见窗外的一棵树，在秋风中一片片地掉落下来。病人望着眼前的萧萧落叶，身体也随之每况愈下，一天不如一天。她说："当树叶全部掉光时，我也就要死了。"一位老画家得知后，用彩笔画了一片叶脉青翠的树叶挂在树枝上。

最后一片叶子始终没掉下来。只因为生命中的这片绿，病人竟奇迹般地活了下来。

109. 飞翔的蜘蛛

朋友给我讲这样一个故事，他说：一天，我发现，一只黑蜘蛛在后院的两檐之间结了一张很大的网。难道蜘蛛会飞?要不，从这个檐头到那个檐头，中间有一丈余宽，第一根线是怎么拉过去的?后来，我发现蜘蛛走了许多弯路——从一个檐头起，打结，顺墙而下，一步一步向前爬，小心翼翼，翘起尾部，不让丝沾到地面的沙石或别的物体上，走过空地，再爬上对面的檐头，高度差不多了，再把丝收紧，以后也是如此。

110. 阴影是条纸龙

人生中，经常有无数来自外部的打击，但这些打击究竟会对你产生怎样的影响，最终决定权在你手中。一次在演讲台上，老师这样讲述了他的故事：

祖父用纸给我做过一条长龙，长龙腹腔的空隙仅仅只能容纳几只蝗虫，投放进去，它们都在里面死了，无一幸免！祖父说："蝗虫性子太躁，除了挣扎，它们没想过用嘴巴去咬破长龙，也不知道一直向前可以从另一端爬出来。因而，尽管它有铁钳般的嘴壳和锯齿一般的大腿，也无济于事。"当祖父把几只同样大小的青虫从龙头放进去，然后关上龙头，奇迹出现了：仅仅几分钟，小青虫们就一一地从龙尾爬了出来。

111. 自信

美国著名心理医生基恩博士常跟病人讲起小时候他经历过的一件触动心灵的事：一天，几个白人小孩正在公园里玩，这时，一位卖氢气球的老人推着货车进了公园。白人小孩一窝蜂地跑了过去，每人买了一个，兴高采烈地追逐着放飞在天空中的色彩艳丽的氢气球。

在公园的一个角落躺着一个黑人小孩，他羡慕地看着白人小孩在嬉笑，他不敢过去和他们一起玩，因为自卑。白人小孩的身影消失后，他才怯生生地走到老人的货车旁，用略带恳求的语气问道："您可以卖一个气球给我吗？"老人用慈祥的目光打量了一下他，温和地说："当然可以，你要一个什么颜色的？"小孩鼓起勇气回答说："我要一个黑色的。"脸上写满沧桑的老人惊诧地看了看小孩，旋即给了他一个黑色的氢气球。

小孩开心地拿过气球，小手一松，黑气球在微风中冉冉升起，在蓝天白云的映衬下形成了一道别样的风景。老人一边眯着眼睛看着气球上升，一边用手轻轻地拍了拍小孩的后脑勺，说："记住，气球能不能升起，不是因为它的颜色、形状，而是气球内充满了氢气。一个人的成败不是因为种族、出身，关键是你的心中有没有自信。"那个黑人小孩便是基恩。

112. 韩国学生

1965 年，一位韩国学生到剑桥大学主修心理学，在喝下午茶的时候，他常到学校的咖啡厅或茶座听一些成功人士聊天。这些成功人士包括诺贝尔奖获得者，某一些领域的学术权威和一些创造了经济神话的人，这些人幽默风趣，举重若轻，把自己的成功都看得非常自然和顺理成章。时间长了，他发现，在国内时，他被一些成功人士欺骗了。那些人为了让正在创业的人知难而退，普遍把自己的创业艰辛夸大了，也就是说，他们在用自己的成功经历吓唬那些还没有取得成功的人。

作为心理系的学生，他认为很有必要对韩国成功人士的心态加以研究。1970 年，他把《成功并不像你想像的那么难》作为毕业论文，提交给现代经济心理学的创始人威尔·布雷登教授。布雷登教授读后，大为惊喜，他认为这是个新发现，这种现象虽然在东方甚至在世界各地普遍存在，但此前还没有一个人大胆地提出来并加以研究。惊喜之余，他写信给他的剑桥校友——当时正坐在韩国政坛第一把交椅上的人——朴正熙。他在信中说："我不敢说这部著作对你有多大的帮助，但我敢肯定它比你的任何一个政令都能产生震动。"

后来这本书果然伴随着韩国的经济起飞了。这本书鼓舞了许多人，因为他们从一个新的角度告诉人们，成功与"劳其筋骨，饿其体肤"、"三更灯火五更鸡"、"头悬梁，锥刺股"没有必然的联系。只要你对某一事业感兴趣，长久地坚持下去就会成功，因为上帝赋予你的时间和智慧够你圆满做完一件事情。后来，这位青年也获得了成功，他成了韩国泛业汽车公司的总裁。

113. 永远的坐票

有一个人经常出差，经常买不到对号入坐的车票。可是无论长途短途，无论车上多挤，他总能找到座位。

他的办法其实很简单，就是耐心地一节车厢一节车厢找过去。这个办法听上去似乎并不高明，但却很管用。每次，他都做好了从第一节车厢走到最后一节车厢的准备，可是每次他都用不着走到最后就会发现空位。他说，这是因为像他这样锲而不舍找座位的乘客实在不多。经常是在他落座的车厢里尚余若干座位，而在其他车厢的过道和车厢接头处，居然人满为患。

他说，大多数乘客轻易就被一两节车厢拥挤的表面现象迷惑了，不大细想在数十次停车之中，从火车十几个车门上上下下的流动中蕴藏着不少提供座位的机遇；即使想到了，他们也没有那一份寻找的耐心。眼前一方小小立足之地很容易让大多数人满足，为了一两个座位背负着行囊挤来挤去有些人也觉得不值。他们还担心万一找不到座位，回头连个好好站着的地方也没有了。与生活中一些安于现状不思进取害怕失败的人，永远只能滞留在没有成功的起点上一样，这些不愿主动找座位的乘客大多只能在上车时最初的落脚之处一直站到下车。

114. 女人的自负

对于女性的美丽而言，重新认识一下"自负"这个词非常有益，它可以使人坚信，美是自身固有的品质。有人说自负就是把自己看得太高。根据这种解释，如果要避免自负，就必须对自己形象有个"准确"的描述。依靠什么作为描述的标准呢？难道根据世人的眼光来评价自己的外貌是否真的美吗？难道要凭借别人的口味来了解自己完美的程度吗？显然，这是不可能的，也是不应该的。为了自己具有美感，女性应该是自负的。

索菲娅·罗兰在开始演员生涯时，曾有个绰号叫"长颈鹿"。她说："我的个子太高，而且不协调，没有谁认为我有什么特殊美的地方，但所有的人却都知道我很高傲，起初人们只是对信心产生印象，逐渐的，他们认为这就是美。"索菲娅还举了这样一个相反的例子："我有位女友，她总是太忌自己的身高，以至她给人的印象总想躲起来才好。尽管她很漂亮，但却没有机会显示自己的魅力。"因为缺少自负，女性在追求美的过程中可能会走很多弯路。如果对自己的相貌毫无信心，则势必成为某些百货商或美发师、化妆师们怜悯的对象。她们所提出来的，只能是些关于如何打扮得所谓"时髦"的建议。而这些建议一般来说都只是表面的。人们经常可以见到，有些女性时常随着潮流在变换自己的美，但结果却总是弄巧成拙。所有

174

的女性都需要有一种自负感，不追时髦，不盲目模仿他人，努力表现自己的独特的美。

115. 猴子

《庄子·徐无鬼》有这样一则寓言：春秋时期，吴王在江上乘舟游览，登上岸边一座猴山，众猴见了吴王一行人，仓皇而逃，钻进荆棘深处。有一只猴子，不慌不忙，从容自在地抓抓挠挠；并且在吴王一行人面前卖乖弄巧。吴王拔箭射它，它敏捷地抓住射来的飞箭。吴王命令随行人员迫近围射它，这只猴子被射而死亡。吴王转身对他的朋友颜不疑说："这只猴子夸耀自己的乖巧，依仗它的熟练技艺，用以来向人卖弄、倨傲，因此才招致这个下场。我们人类应以此为戒呀！"

116. 真正的勇气

三名海军上将谈论起什么是真正的勇气。德国将军说："我告诉你们什么是勇气。"说完他召来一名水手。"你看见那根 100 米高的旗杆子吗？我希望你爬到顶端，举手敬礼，然后跳下来！"

德国水手立即跑到旗杆前，迅速爬到顶上，漂亮地敬了个礼，然后跳下来。"嗬，真出色！"美国将军称赞说。他对一名美国水兵命令道："看见那根 200 米高的旗杆了吗？我要你爬到顶，敬礼两次，然后跳下来。"美国水兵非常出色地执行了命令。"啊，先生们，这真是一次令人难忘的表演。"英国将军说："但我现在要告诉你们，我们皇家海军对勇气的理解。"他命令一名水手："我要你攀上那根高 300 米的旗杆顶端，敬礼三次，然后跳下来。""什么？要我去干这种事？先生你一定神经错乱了！"英国水手瞪大眼睛叫了起来。"瞧，先生们，"英国将军得意地说，"这才是真正的勇气。"

117.《草叶集》的出版

1842 年 3 月，在百老汇的社会图书馆里，著名作家爱默生的演讲激动了年轻的惠特曼："谁说我们美国没有自己的诗篇呢？我们的诗人文豪就在这儿呢！"这位身材高大的当代大文豪的一席慷慨激昂、振奋人心的讲话使台下的惠特曼激动不已，热血在他的胸中沸腾，他浑身升腾起一股力量和无比坚定的信念，他要渗入各个领域、各个阶三层、各种生活方式。他要倾听大地的、人民的、民族的心声，去创作新的不同凡响的诗篇。

1854 年，惠特曼的《草叶集》问世了。这本诗集热情奔放，冲破了传统格律的束缚，用新的形式表达了民主思想和对种族、民族和社会压迫的强烈抗议。它对美国和欧洲诗歌的发展起了巨大的影响。

《草叶集》的出版使远在康科德的爱默生激动不已。诞生了！国人期待已久的美国诗人在眼前诞生了！他给予这些诗以极高的评价，称这些诗是"属于美国的诗"，"是奇妙的"，"有着无法形容的魔力"，"有可怕的眼睛和水牛的精神"。

《草叶集》受到爱默生这样很有声誉的作家的褒扬，使得一些本来把它评价得一无是处的报刊马上换了口气，温和了起来。但是惠特曼那创新的写法，不押韵的格式，新颖的思想内容，并非那么容易被大众所接受，他的《草叶集》并未因爱默生的赞扬而畅销。然而，惠特曼却从中增添了信心和勇气。1855 年底，他印起了第二版，

在这版中他又加进了二十首新诗。

1860 年，当惠特曼决定印行第三版《草叶集》，并将补进些新作时，爱默生竭力劝阻惠特曼取消其中几首刻画"性"的诗歌，否则第三版将不会畅销。惠特曼却不以为然地对爱默生说："那么删后还会是这么好的书吗?"爱默生反驳说："我没说'还'是本好书，我说删了就是本好书!"执著的惠特曼仍是不肯让步，他对爱默生表示："在我灵魂深处，我的意念是不服从任何的束缚，而是走自己的路。《草叶集》是不会被删改的，任由它自己繁荣和枯萎吧!"他又说："世上最脏的书就是被删灭过的书，删减意味着道歉、投降……"

第三版《草叶集》出版并获得了巨大的成功。不久，它便跨越了国界，传到英格兰，传到世界许多地方。

118. 试试别说

有位母亲苦啊，苦于与她那上小学的儿子不能沟通。她苦口婆心地与他谈、谈、谈，却总是没有效果。这一天，儿子在学校又惹了事，母亲却突发喉炎失了音，当她拉着孩子的手与他面对面坐下时，她急啊、气啊，可不能说一句话，只是紧紧地将孩子的手握在手心，很久。第二天儿子对母亲说："妈妈，你昨天什么都没说，但我全明白了"。

出乎意料的效果，叫母亲热泪盈眶。

同样出人意料的是：某电视台拍一个有关军队的专题片，那解说词几经修改都不尽如人意，好不容易才定稿。播出那日，荧屏上军人方阵变换队形进行时，不知什么缘故，录制好的充满激情的解说词没出来，只剩下"嚓嚓"的脚步声，它是如此统一而坚实；如同地平线上走过来一个巨人，当即受到专家与观众反馈：怎么想出来的，绝了！可要是那位母亲没有失音，要是电视音频不出故障，他们肯不说吗？事实上，没有人会认为自己说得不好，所以都在说个不休。

119. 肯定自己

今天这个时代与30年前完全不同了！农业时代靠口传心授的知识和勤学苦练得到技术。但是现在科技通讯发达，你就算完全没有知识，也可以获得足够的资讯；即便毫无技术，也有适当的机械供你使用，所以人们可以在完全不用摸索的情况下，就找到捷径，获得成功。

换句话说，那等着由错误中摸索的人，则必然要遭到落后和失败的命运！由此可知，"自我妥协"实在是人类的天性。但你也知道，如果无法战胜天性，我们就很难取得过人的成就。我常说："一个男人如果不知道什么时候，把自己从女人身边拉开；一个女人如果不知道什么时候，把自己孩子从身边拉开，他们就很难出头。"

他必然是掌握了每个小小的契机，把它发挥成大的巧合，而结成缘。要知道！会结缘的人，即使在路边看商店橱窗，都能与其他看橱窗的人开口寒暄——有共同的注意点，就是一种缘！

120. 过上好日子

5年前，斯蒂芬·阿尔法经营的是小本农具买卖。他过着平凡而又体面的生活，但并不理想。他一家的房子太小，也没有钱买他们

想要的东西。阿尔法的妻子并没有抱怨，很显然，她只是安于天命而并不幸福。

但阿尔法的内心深处变得越来越不满。当他意识到爱妻和他的两个孩子并没有过上好日子的时候，心里就感到深深的刺痛。

但是今天，一切都有了极大的变化。现在，阿尔法有了一所占地2英亩的漂亮新家。他和妻子再也不用担心能否送他们的孩子上一所好的大学了，他的妻子在花钱买衣服的时候也不再有那种犯罪的感觉了。下一年夏天，他们全家都将去欧洲度假。阿尔法过上了真正的生活。

阿尔法说："这一切的发生，是因为我利用了信念的力量。5年以前，我听说在底特律有一个经营农具的工作。那时，我们还住在克利夫兰。我决定试试，希望能多挣一点钱。我到达底特律的时间是星期天的早晨，但公司与我面谈还得等到星期一。晚饭后，我坐在旅馆里静思默想，突然觉得自己是多么的可憎。'这到底是为什么！'我问自己'失败为什么总属于我呢？'

阿尔法不知道那天是什么促使他做了这样一件事：他取了一张旅馆的信笺，写下几个他非常熟悉的、在近几年内远远超过他的人的名字。他们取得了更多的权力和工作职责。其中两个原是邻近的农场主，现已搬到更好的边远地区去了；其他两位阿尔法曾经为他们工作过；最后一位则是他的妹夫。

阿尔法问自己：什么是这5位朋友拥有的优势呢？他把自己的智力与他们作了一个比较，阿尔法觉得他们并不比自己更聪明；而他们所受的教育，他们的正直，个人习性等，也并不拥有任何优势。终于，阿尔法想到了另一个成功的因素，即主动性。阿尔法不得不承认，他的朋友们在这点上胜他一筹。

当时已快深夜3点钟了，但阿尔法的脑子却还十分清醒。他第一次发现了自己的弱点。他深深地挖掘自己，发现缺少主动性是因

179

为在内心深处，他并不看重自己。

阿尔法坐着度过了残夜，回忆着过去的一切。从他记事起，阿尔法便缺乏自信心，他发现过去的自己总是在自寻烦恼，自己总对自己说不行，不行，不行！他总在表现自己的短处，几乎他所做的一切都表现出了这种自我贬值。

终于阿尔法明白了：如果自己都不信任自己的话，那么将没有人信任你！

于是，阿尔法做出了决定："我一直都是把自己当成一个二等公民，从今后，我再也不这样想了。"

第二天上午，阿尔法仍保持着那种自信心。他暗暗以这次与公司的面谈作为对自己自信心的第一次考验。在这次面谈以前，阿尔法希望自己有勇气提出比原来工资高 79）甚至 1000 美元的要求。但经过这次自我反省后，阿尔法认识到了他的自我价值，因而把这个目标提到了 3500 美元。

结果，阿尔法达到了目的。他获得了成功。

121. 失约

魏特利有幸在年少时，便学会了自立自强。他父亲在二次大战时身在国外，当他九岁时，在圣地亚哥附近，有一个陆军制炮兵团，驻扎的士兵和他成了好友，以消磨无聊的闲暇时间。他们会送魏特利一些军中纪念品，像陆军伪装钢盔、背带及军用水壶，魏特利则以糖果、杂志，或邀请他们来家中吃便饭，作为回赠。

魏特利永难忘怀那一天，他回忆道：

"那天我的一位士兵朋友说：'星期天上午五点，我带你到船上钓鱼。'我雀跃不已，高兴地回答：'哇哈！我好想去。我甚至从未

靠近过一艘船，我总是在桥上。防波堤上，或岩石上垂钓。眼看着一艘艘船开往海中，真令人羡慕！我总是梦想，有一天我能在船上钓鱼。噢，太感谢你了！我要告诉我妈妈，下星期六请你过来吃晚饭。'"

"周六晚上我兴奋地和衣上床，为了确保不会迟到，还穿着网球鞋。我在床上无法入眠，幻想着海中的石斑鱼和梭鱼，在天花板上游来游去。清晨三点，我爬出卧房窗口，备好鱼具箱，另外还带备用的鱼钩及鱼线，将钓竿上的轴上好油。带了两份花生酱和果酱三明治。

"四点整，我就准备出发了。钓竿、鱼具箱、午餐及满腔热情，一切就绪——坐在我家门外的路边，摸黑等待着我的士兵朋友出现。"

"但他失约了。"

"那可能就是我一生中，学会要自立自强的关键时刻。"

"我没有因此对人的真诚产生怀疑或自怜自艾，也没有爬回床上生闷气或懊恼不已，向母亲、兄弟姊妹及朋友诉苦，说那家伙没来，失约了。相反的，我跑到附近汽车戏院空地上的售货摊，花光我帮人除草所赚的钱，买了那艘上星期在那儿看过、补缀过的单人橡胶救生艇。近午时分，我才将橡皮艇吹满气，我把它顶在头上，里头放着钓鱼的用具，活像个原始狩猎队。我摇着桨，滑入水中，假装我将启动一艘豪华大油轮，航向海洋。我钓到一些鱼，享受了我的三明治，用军用水壶喝了些果汁，这是我一生中最美妙的日子之一。那真是生命中的一大高潮。"

魏特利经常回忆那天的光景，沉思所学到经验，即使是在9岁那样稚嫩的年纪，他也学到了宝贵的一课："首先学到的是，只要鱼儿上钩，世上便没有任何值得烦心的事了。而那天下午，鱼儿的确上钩了！其次，士兵朋友教给我了，光有好的意图并不够。士兵朋

友要带我去，也想着要带我去，但他并未赴约。"

然而对魏特利而言，那天去钓鱼，却是他最大的希望，他立即着手设定计划，使愿望成真。魏特利极有可能被失望的情绪所击溃，也极可能只是回家自我安慰："你想去钓鱼，但那阿兵哥没来，这就算了吧！"相反的，他心中有个声音告诉他：仅有欲望不足以得胜，我要立刻行动，要自立自强，自己开发属于自己的那一片沃土——潜能。

122. 痛苦积聚力量

有一个女孩，很小的时候就拥有一个梦想：成为一名出色的滑雪运动员。然而，她不幸患上了骨癌。为了保住性命，她被迫锯掉了右脚。后来，癌细胞扩散，她先后又失去了乳房和子宫。

一而再，再而三的厄运降临到她的头上，她哭泣过、悲伤过，却从没有放弃过心中的梦想，她一直告诫自己："轻言放弃，就是失败，我要对自己的生命负责。"

最后，她不但没有被病魔打倒，相反，她以顽强的斗志和无比的勇气，排除万难，终于为自己创下了多项世界纪录，其中包括获得了1988年冬季奥运会的冠军，还在美国历届滑雪锦标赛中共赢得29枚金牌。后来，她还成为攀登险峰的高手。她就是美国运动史上极具传奇色彩的著名滑雪运动员———戴安娜·高登。

123. 蜘蛛的启示

19世纪初，一支英国大军被拿破仑所率领的军队击溃，这支军队的将领们落荒而逃。其中一位躲进农舍的草堆里避风雨，又痛苦，又懊丧。茫然中，他忽然发现墙脚处有一只蜘蛛在风中拼力结网，蛛丝一次次被吹断，但蜘蛛一次又一次拉丝重结，毫不气馁，终于把网结成。将军被这个小精灵震撼了，深受鼓励，后来重整旗鼓，厉兵秣马，终于在滑铁卢之役打败了对手拿破仑。这位将军，就是历史上赫赫有名的威灵顿将军。

每个人在他的一生中总会遇到这样那样的困难。伟大的音乐家贝多芬，17岁丧母，32岁失聪，接二连三的打击没有击倒他。他的主要作品竟大都作于失聪之后。牛顿，只上过三个月的小学便辍学在家。但一样成为人类光明的使者，成为自然界一些最重要规律的发现者。

124. 圣诞节的他

圣诞节前夕，家家户户张灯结彩，充满佳节的热闹气氛。他坐在公园里的一张椅子上，开始回顾往事。去年的今天，他也是孤单一人，以醉酒度过他的圣诞节，没有新衣，也没有新鞋子，更甭谈新车子、新房子。

"唉！今年我又要穿着这对旧鞋子度过圣诞了！"说着准备脱掉这旧鞋子。这个时候，他突然看见一个年轻人自己滑着轮椅从他身边走过。他顿悟到："我有鞋子穿是多么幸福！他连穿鞋子的机会都没有啊！"。之后，推销员每做任何一件事都心平气和，珍惜机会，发奋图强，力争上游。数年之后，生活在他面前终于彻底改变了，他成了一名百万富翁。

183

125. 取得成功

　　华特和丽莎这对年轻夫妇，不久前还以为成功指日可待，当华特拿到心理和企管硕士学位时，他以为自己日后就可以从事管理公司人际关系咨询，或执行与监督有关的工作。然而短期内，事情却与他预期的有所出入，华特别无选择，只好暂时将希望束之高阁，这一晃就是好几年。华特是个德国人，这段期间除了当翻译，似乎也没有其他出路。

　　他和丽莎两人都梦想能搬回德国，如此一来，不但可与家人团聚，丽莎更可借此学习德文及当地文化。他们一心想回德国，计划在那里找一个高薪的工作，并趁两人还是丁克族时好好四处旅游。为了实现这个梦想，他们花了一个半月的时间在德国找工作，登报求职、寄履历表，让雇主知道他们强烈的工作意愿。就在离德返美的前一天，正当所有履历表都石沉大海时，华特突然接到一个面试电话。

　　"我们一定能美梦成真！"丽莎兴奋得大叫。

　　可是华特却显得十分谨慎。

　　"别高兴得太早"他说，"丽莎，这不过是个面试而已。"

　　面试结束，华特和丽莎如期返美等候通知。一个星期过去了，半个月过去了，一个月过去了，丽莎这时开始感到不耐烦，她焦急地催促华特打个电话去问问情况，然而华特心里明白，他得等到公司主动跟他联络才行。在圣诞节前后，该公司的人事主管终于告诉华特，他们要雇用他，只是公司的决策太慢了。经过数个月的漫长等待，两人终于美梦成真。这份工作薪水优厚，升迁可期，同时公司还愿意协助华特还清助学贷款及迁居费用。再也没有什么工作比这次的更好了。

华特和丽莎乐疯了，他们终于实现心愿。

华特立即前往德国开始新工作。就当地的工作条件而言，这是个令人称羡的职位，华特和丽莎都觉得十分满意。华特有两个月的试用期，看看双方是否合适，这时，丽莎也辞去工作，准备搬家。

可是当华特开始工作后，对公司及工作总有一种不安感，有些事情好像不太对劲，他很怕心里出现"回美国算了"的念头，因为事情演变至今，早已无后路可退，他也怕想起干脆放弃这个原本和预期相符的职业生涯"。最后他终于了解自己再也无法漠视这种感觉。

有天晚上华特走了好长一段路，反复思考这个情况，当他确知目前的新工作根本就不适合他时，华特不禁放声大哭。然而除了悲伤，华特也为自己理清了思绪而感到欣慰。

第二天华特走进总裁办公室，递了辞呈。总裁很惊讶，而且也有点失望，可是除了接受也别无他法。"你为什么要离开？你以后该怎么办？"总裁不解地问。

接着华特对自己在这段时间看到的公司问题向总裁报告，并且告诉他这份工作和原先预期的不太一样，华特接着说，他计划开一家咨询公司。华特自信及坚定的口吻让总裁印象深刻，于是他问华特："要是你当了咨询师，你会怎样为公司解决问题呢？"

华特想了一下，因为他尚未完全勾勒出蓝图，不过仍按长期的思考模式回答。华特告诉总裁，思想如何创造实际，而每个人内心其实都有驱动力、常识和其他特质，这些足以使人成为有效率的职员。总裁对华特的话感到很有兴趣，遂问华特是否愿意当他和公司的咨询师。瞧，多快！华特马上就有了第一位客户。

华特离开德国前，和总裁做了一整天的训练课程，并规划日后要将这套心智运作原则和安宁心智的方法传授给公司各阶层主管。

截至目前为止，华特已走访了 *13* 个国家，训练对象超过 *2000* 人。华特的事业蒸蒸日上，他不仅为原公司进行咨询工作，业务更扩展至德国及法国其他公司。

想不到原本想傻傻地辞掉工作，到最后事情却出乎两人意料之外——当了咨询师的华特不仅赚进大把钞票，还有上班族渴望的自由，他在两个国家之间如鱼得水。丽莎也如愿在德国待上几个月，并趁华特到各国工作时，四处游览。

126. 心理学家的分析手记

这是一位心理分析家的手记，它记录并分析了这样一件事。

"去他的，我真不敢相信现在的驾驶有多不小心！"这正是米兰达一大早开着车进城工作途中的例行抱怨。这也是米兰达典型的星期一，在高速公路遇上大塞车。他努力地想切进左线车道，可是开着蓝色别克的女人却坚持不让他插队。"又碰到个笨蛋！"米兰达紧握方向盘，一股气冲到脑门，"这个早上一路都是些笨蛋！"

方才那辆别克车的女驾驶显然对忿忿不平的米兰达视若无睹，只见她拿起眼线笔对着后照镜描着左眼。为了要引起她的注意，米兰达一面生气地按着嗽叭，一面挥舞着拳头，没想到她也隔着车窗向米兰达挑衅："随便你了，兄弟。"两人于是干上了。

米兰达喃喃自语："好吧，女人，这回你可是遇到对手了！"此时他看到一个可以切入右线车道的机会，米兰达换到四档，从右侧惊险地超过一辆红色福特，遥遥领先。

"太棒了！"米兰达沾沾自喜。不过他显然尚未悟透，他就算赢了这场小小的较劲，依然是个大输家。在高科技公司上班的他会和以前一样，气急败坏地赶到办公室，带着坏心情过完这一天。

如果我们深入了解米兰达的思维，会发现他的内心充满着批判、不耐烦与焦躁。对他来说，其他的驾驶者都是"敌人"，起码是他生活步调的破坏者。米兰达认为，开车上班就像陷入战区一样，亦步亦趋的同时不忘大声谴责混乱的一切。

米兰达并不知道自己先入为主的观念和他开车上班的不愉快经验有何关联。他觉得他对"外在环境"的反应很自然！完全不晓得他的心灵生活筑于自己的"内在世界。"一旦米兰达了解他的所有体验真正源于何处，他看待交通的角度又将如何？

在理想的世界里，交通永远平衡顺畅，驾驶者将永远是彬彬有礼，大家永远不会因为气候或事故而迟到。很不幸的是，这个"理想国"仅仅存在于人类的梦想里。在现实世界中，交通事故频传、天气变幻莫测、大家并非永远都谦让有礼。可是我们开车上路，面对事故频发的日常公路，其实可以选择自己的心境——我们不总是处于心理的"交叉路口"吗？

如果米兰达现在知道他愤恨的源头，他会如何处理上述的状况呢？星期一早晨缓慢的行车速度，让他心浮气躁。如果他不加速前进，担心可能迟到，一想到这，他开始紧张，他注意到自己的肩膀肌肉紧绷，怒火中烧。

米兰达体验自己不耐烦、生气、不舒服的感觉正是意念传达给他的信号，他必须适时调整这些怀疑。就如同开车骤然切到隔线车道会听到撞击声一样，这种情绪上的警告无疑给米兰达当头棒喝，让他知道自己正往错误的思考模式领域前进。如果他继续下去，那么终将出现"公路激怒症候群"。

仅仅是认清当下的思考，米兰达便能在心理上换档重新上路。与其把别克车里的女人视为敌手，不如对她的一心二用感到新鲜有趣。他知道她太专注画眼线，才对米兰达变换车道的意图毫不知情。因此米兰达暂缓切入左线车道，让这位女士先行后再开始行动。他甚至还

会为自己浪费了 *10* 秒钟的时间在那儿生闷气、影响开车和上班心情感到好笑呢！

再一次，米兰达了解他自身的意念能创造愤慨的世界，也能打造安宁的心境。

127. 寻找快乐

约翰在法国中西部长大，其父母靠经营果圃把约翰养育成人，这种一年到头辛勤耕作、劳碌的农家生活，无疑对约翰日后的自我要求及情绪转换影响深远。如果约翰没有把事情做完，约翰会觉得怠惰、沮丧，有罪恶感。可是不论约翰做了多少，心里老是有股力量驱使约翰去完成更多更多的事。于是约翰对实际工作感到压力重重、精神透支且枯燥乏味。

长大以后，约翰对工作的态度就是不断地保持生命力。约翰太太对于约翰能在一天内完成许多事情感到惊讶不已。约翰可以在几小时内就把屋里打扫干净，用一个上午写好一份工作报告，花一天时间种下所有花种，但心里却觉得索然无味。而且约翰只要一坐下来放松心情便觉得罪恶惶恐，会一直想着总还有件事没做好，这种念头一直持续到一日终了。

对约翰而言，生命中最艰难的挑战便是呆坐。

长久以来，约翰的大脑一直不停地转动思考，因此坐在海边体验一切，看看绮丽的海景、嗅嗅清凉的海风、听听动人的海涛，对约翰来说皆是新尝试。约翰一直害怕如果自己不能加快脚步，就会变得懒惰而且无法做好任何一件事。这种想法让约翰沮丧透了，所以约翰总是让自己像陀螺一样忙得团团转，只有在消掉工作表上已完成的事项后才会觉得有一丝轻松。

那天，约翰记得很清楚，自己是如何凝神静听。约翰那时正在佛罗里达州实习，参加为期三周的心理学新发展课程。

起初的两个星期，约翰对上课内容有一箩筐的问题，约翰不过是想借此学到更多咨询方面的新观念和方法，但是很糟糕，约翰尚未找到其中要诀，而课程指导员却一直告诉约翰只要放松心情专注倾听就可以了。

"下午放自己一个假到海边去吧！"课程指导员说。

约翰对他的动机十分怀疑。多诈啊！要约翰一整个下午待在海边，那种不做事的感觉多令人害怕啊！约翰以前从来没有过这种经验，约翰于是和他据理力争，因为只剩下一个星期了，约翰不觉得还有时间浪费，难道约翰不该更努力一点吗？去海边做什么？

可是约翰也想到，到海边走走又不会让他少掉一块肉，还可以享受假期！或许他是对的，约翰可能真该学学如何放慢脚步。

隔天，约翰和妻子一起漫步海边，感到快乐无比。但过了一两个小时，约翰的焦虑开始出现，无论觉得有多不舒服，约翰知道必须秉持信念，而且得相信指导员告诉他如何放松心情的那一套。

当晚，约翰睡得很沉。半夜3点约翰自梦中清醒，顿时恍然大悟。

"亲爱的，快起来。"约翰边说边把妻子摇醒，"我想通了！我终于明白他说的是怎么一回事了。"这是约翰第一次清楚地知道顺其自然和不去强求意念。原来在睡眠中，心智放松了，理解得来全不费功夫。这一切看来真是太简单、太不可置信了。

约翰回到明尼苏达州，日子又和以前一样，可是那晚触动心灵的感觉却依然持续着。

有个星期六，约翰又忙着做事，这回约翰清楚他得赶着做，于是约翰停下来，做了个深呼吸，找到头绪。约翰告诉自己，或许该试试这个方式，看看是否真的可行——在心情放松的情况下把每件

事做好，而非处于以往紧张高压的环境。

约翰带着这种新想法过了一天，每一次只要一发现到自己的紧张，心里便很清楚地告诉自己该停下来休息一下。当然，一天结束后，工作比预期进行的速度还要快。更让人吃惊的是：这一整天约翰都好快乐，无论是工作还是休息，一点也不觉得累。

128．1850 次拒绝

在美国，有一位穷困潦倒的年轻人，即使在身上全部的钱加起来都不够买一件像样的西服的时候，仍全心全意地坚持着自己心中的梦想，他想做演员，拍电影，当明星。

当时，好莱坞共有 500 家电影公司，他逐一数过，并且不止一遍。后来，他又根据自己认真划定的路线与排列好的名单顺序，带着自己写好的量身定做的剧本前去拜访。但第一遍下来，所有的 500 家电影公司没有一家愿意聘用他。

面对百分之百的拒绝，这位年轻人没有灰心，从最后一家被拒绝的电影公司出来之后，他又从第一家开始，继续他的第二轮拜访与自我推荐。

在第二轮的拜访中，500 家电影公司依然拒绝了他。

第三轮的拜访结果仍与第二轮相同。这位年轻人咬牙开始他的第四轮拜访，当拜访完第 349 家后，第 350 家电影公司的老板破天荒地答应愿意让他留下剧本先看一看。

几天后，年轻人获得通知，请他前去详细商谈。

就在这次商谈中，这家公司决定投资开拍这部电影，并请这位年轻人担任自己所写剧本中的男主角。

这部电影名叫《洛奇》。

这位年轻人的名字就叫席维斯·史泰龙。现在翻开电影史，这部叫《洛奇》的电影与这个日后红遍全世界的巨星皆榜上有名。

129. 沙漠中的旅人

缺水而被困在沙漠里的两个旅人，一个旅人要抓住最后一线希望去找水，便将自己的水袋交给同伴说，你一定要耐心等待。临行前他拔出一支手枪："里面有 5 颗子弹，你每隔一小时就向天空打一枪，这样我就不会迷失方向，找到水便能循着枪声返回你身边了。"

同伴等啊等，等枪里还剩下最后一颗子弹时，他还没有回来。一种深深的恐惧和绝望吞噬着他的精神和灵魂，他将最后一颗子弹打进了自己的胸膛。其时，他的同伴刚刚向一位赶骆驼的老人讨到了水，当他寻着枪响的方向找到原处时，看到了同伴的尸体。就差一步，他没有等到。

一篇报道说一对下岗夫妻几经商海的沉浮与磨难后还是陷入了"绝境"，最后一个已成交的客户也迟迟不能兑付他们货款，在各种沉重的压力聚拢之时，他们绝望了，打开煤气抱着三岁的女儿自杀了。几日后，一个人登门感觉情况不对，才报了警，发现了这个悲剧。这个人就是他们的最后一个客户。原来他刚刚把拖欠的一笔不小的款额汇入他们的账号，想要通知一声时，电话无论如何也打不通，才亲自登门。这笔款足够让那对夫妻东山再起……就差一步，他们没有等到。

130. 扁鹊的医术

魏文王问名医扁鹊说:"你们家兄弟三人,都精于医术,到底哪一位最好呢?"

扁鹊答说:"长兄最好,中兄次之,我最差。"

文王再问:"那么为什么你最出名呢?"

扁鹊答说:"我长兄治病,是治病于病情发作之前。由于一般人不知道他事先能铲除病因,所以他的名气无法传出去,只有我们家的人才知道。我中兄治病,是治病于病情初起之时。一般人以为他只能治轻微的小病,所以他的名气只及于本乡里。而我扁鹊治病,是治病于病情严重之时。一般人都看到我在经脉上穿针管来放血、在皮肤上敷药等大手术,所以以为我的医术高明,名气因此响遍全国。"

文王说:"你说得好极了。"

131. 一个还是两个?

街上有两家卖早点的小餐馆,他们是隔街相对的邻居,规模差不多大,并且经营的早点也相同,都是稀饭、馒头和鸡蛋。

两个餐馆的早点食品差不多,客人也几乎一样多,每天早上,附近的居民都会踱到这两家餐馆里来,喝上一碗稀粥,吃一个馒头和煮鸡蛋。给这两家小餐馆长期供应鲜鸡蛋的是一个个头不高却十分精明的乡下小贩。刚开始时,他总是对右边这家餐馆老板说:"你怎么每次只要 500 个鲜鸡蛋呢?对面的可是每次都要整整 1000 个

呢?"街右的餐馆老板不相信,两家差不多的客流量,自己每 10 天 500 个鲜鸡蛋不多不少正好卖完。邻居家 10 天怎么能卖 1000 个鸡蛋呢?

终于有一天,街右这家老板让一个精明的亲戚扮作食客,到街左那家卖早点的餐馆去吃顿饭,探一探自己和那家老板的经营到底有什么不同,是不是那一家有什么奇妙的招数。亲戚去对面的早点铺吃了一顿早点很快就回来了。老板赶忙上去问:"发现有什么不一样的地方了吗?"

亲戚摇摇头说:"没有。只是他们的客人没有一个是不吃鸡蛋的,有的吃三个,有的吃两个,最少的也是吃一个。"

老板一听,更觉得奇怪了,自己的顾客有吃鸡蛋的,也有许多不吃鸡蛋的,这是为什么呢?

老板正迷惑不解时,亲戚忽然醒悟说:"对了,我觉得人家卖鸡蛋同咱店里的卖法有些不一样。"

"怎么不一样呢?"老板忙问。

亲戚说:"平时食客到这里吃早点,咱们总是问人家'要鸡蛋吗?'有的顾客要,有的顾客就拒绝说不要,那家的问法就不一样,他们问顾客'要一个鸡蛋还是要两个鸡蛋'"。

老板一听,顿时明白了。他终于知道为什么自己每 10 天只能卖出 500 个鸡蛋,而那家能卖出 1000 个的秘密了。差就差在向食客推销熟鸡蛋的言语技巧上。

132. 曹操与关羽

建安五年,曹操出兵东征。刘备被迫投奔袁绍,而关羽则为曹操捕获,拜为偏将军。曹操对关羽很尊重,待之以厚礼。后来,曹操发现关羽心神不宁，并没有久留的意思，于是对张辽说："请你去试着问问关羽，是否愿意留在这里。"于是，张辽来到关羽的住处，询问关羽的意见，关羽叹息说："我知道曹公对我厚爱，但是，我既受到刘备的知遇大恩，并起过共生死的誓愿，是不能背弃信义的。我总有一天要离开的。但在离开以前，对曹公一定要有所回报的。"张辽转告了曹操，曹操敬重关羽的义气。后来，关羽斩杀了袁绍的大将颜良、文丑，并解了曹操的白马之围，曹操知道他肯定是要走了，于是，重重赏赐了关羽。而关羽则把曹操所有赏赐的东西，原封不动地包好留下，投奔正在袁绍军营里的刘备去了。曹操的部下要去追杀关羽，曹操说："人各有其主，不要去追他。"

133. 商鞅变法

商鞅在秦国实行变法，法令已经制订好了，但还未公布，他担心老百姓不相信，就竖了一根三丈长的木头在南门口，宣布说："谁要是将这根木头扛到北门口，赏给十金。"老百姓感到奇怪，不敢搬。商鞅又说："能扛到的赏给五十金。"有一个人扛起木头走到北门口，商鞅马上赏给他五十金。这样下来，变法的法令一公布，老百姓就相信了。

134. 孙武练兵

《左传》记载：孙武去见吴王阖闾，与他谈论带兵打仗之事，说得头头是道。吴王心想，"纸上谈兵管什么用，让我来考考他。"便出个难题，让孙武替他操练姬妃宫女。孙武挑选了一百个宫女，让吴王的两个宠姬担任队长。

孙武将列队操练的要领讲得清清楚楚，但正式喊口令时，这些女人笑作一堆，乱作一团，谁也不听他的。孙武再次讲解了要领，并要两个队长以身作则。但他一喊口令，宫女们还是满不在乎，两个当队长的宠姬更是笑弯了腰。孙武严厉地说道："这里是演武场，不是王宫；你们现在是军人，不是宫女；我的口令就是军令，不是玩笑。你们不按口令操练，两个队长带头不听指挥，这就是公然违反军法，理当斩首！"说完，便叫武士将两个宠姬杀了。

场上顿时肃静，宫女们吓得谁也不敢出声，当孙武再喊口令时，她们步调整齐，动作划一，真正成了训练有素的军人。孙武派人请吴王来检阅，吴王正为失去两个宠姬而惋惜，没有心思来看宫女操练，只是派人告诉孙武："先生的带兵之道我已领教，由你指挥的军队一定纪律严明，能打胜仗。"

135. 命令是这样传递的

据说，美军 *1910* 年的一次部队的命令传递是这样的：

营长对值班军官：明晚大约 8 点钟左右，哈雷彗星将可能在这个地区被看到，这种彗星每隔 76 年才能看见一次。命令所有士兵着野战服在操场上集合，我将向他们解释这一罕见的现象。如果下雨，就在礼堂集合，我为他们放一部有关彗星的影片。

值班军官对连长：根据营长的命令，明晚 8 点哈雷彗星将在操场上空出现。如果下雨，就让士兵穿着野战服列队前往礼堂，这一罕见的现象将在那里出现。

连长对排长：根据营长的命令，明晚 8 点，非凡的哈雷彗星将身穿野战服在礼堂中出现。如果操场上下雨，营长将下达另一个命令，这种命令每隔 76 年才会出现一次。

排长对班长：明晚 8 点，营长将带着哈雷彗星在礼堂中出现，这是每隔 76 年才有的事。如果下雨，营长将命令彗星穿上野战服到操场上去。

班长对士兵：在明晚 8 点下雨的时候，著名的 76 岁哈雷将军将身着野战服，开着他那"彗星"牌汽车，经过操场前往礼堂。